/ 100 位

为新中国成立作出突出贡献的英雄模范人物/

# 王若飞

李树春/编著

吉林出版集团 | 吉林文史出版社

图书在版编目（CIP）数据

王若飞 / 李树春编著. -- 长春 ：吉林文史出版社，
2011.4（2024.5重印）
（100位为新中国成立作出突出贡献的英雄模范人物）
ISBN 978-7-5472-0512-9

Ⅰ. ①王… Ⅱ. ①李… Ⅲ. ①王若飞（1896～1946）—
生平事迹 Ⅳ. ①K827=6

中国版本图书馆CIP数据核字(2011)第050258号

# 王若飞

WANGRUOFEI

编著/ 李树春

选题策划/ 王尔立　责任编辑/ 王尔立

装帧设计/ 韩璘

出版发行/ 吉林文史出版社

地址/ 长春市福祉大路5788号　邮编/ 130118

电话/ 0431-81629363　传真/ 0431-86037589

印刷/ 天津海德伟业印务有限公司

版次/ 2011年4月第1版 2024年5月第7次印刷

开本/ 640mm×920mm　1/16

印张/ 9　字数/ 100千

书号/ ISBN 978-7-5472-0512-9

定价/ 29.80元

《100位为新中国成立作出突出贡献的英雄模范人物》丛书

# 编 委 会

# /**100**位

为新中国成立作出突出贡献的英雄模范人物/

| 八女投江 | 于化虎 | 小叶丹 | 马本斋 | 马立训 | 方志敏 |
|---|---|---|---|---|---|
| 毛泽民 | 毛泽覃 | 王尔琢 | 王尽美 | 王克勤 | 王若飞 |
| 邓萍 | 邓中夏 | 邓恩铭 | 韦拔群 | 冯平 | 卢德铭 |
| 叶挺 | 叶成焕 | 左权 | 诺尔曼·白求恩 | | 任常伦 |
| 关向应 | 刘老庄连 | 刘伯坚 | 刘志丹 | 刘胡兰 | 吉鸿昌 |
| 向警予 | 寻淮洲 | 戎冠秀 | 朱瑞 | 江上青 | 江竹筠 |
| 许继慎 | 阮啸仙 | 何叔衡 | 佟麟阁 | 吴运铎 | 吴焕先 |
| 张太雷 | 张自忠 | 张学良 | 张思德 | 旷继勋 | 李白 |
| 李林 | 李大钊 | 李公朴 | 李兆麟 | 李硕勋 | 杨殷 |
| 杨子荣 | 杨开慧 | 杨虎城 | 杨靖宇 | 杨闇公 | 萧楚女 |
| 苏兆征 | 邹韬奋 | 陈延年 | 陈树湘 | 陈嘉庚 | 陈潭秋 |
| 冼星海 | 周文雍、陈铁军夫妇 | | 周逸群 | 明德英 | 林祥谦 |
| 罗亦农 | 罗忠毅 | 罗炳辉 | 郑律成 | 恽代英 | 段德昌 |
| 贺英 | 赵一曼 | 赵世炎 | 赵尚志 | 赵博生 | 赵登禹 |
| 闻一多 | 埃德加·斯诺 | | 夏明翰 | 格里戈里·库里申科 | |
| 狼牙山五壮士 | | 聂耳 | 郭俊卿 | 钱壮飞 | 黄公略 |
| 彭湃 | 彭雪枫 | 董存瑞 | 董振堂 | 谢子长 | 鲁迅 |
| 蔡和森 | 戴安澜 | 瞿秋白 | | | |

# 前　言

　　每个人的心中都多少有一点英雄情结，都向往英雄、景仰英雄。也正因此，在中华人民共和国建国六十周年之际，由中央十一部委联合组织开展的"100位为新中国成立作出突出贡献的英雄模范人物和100位新中国成立以来感动中国人物"的评选活动中，群众参与投票总数近一亿。这其中的每一张选票，都表达了人们对英雄模范的崇敬之情，寄托着对伟大祖国的美好祝福。

　　一个民族不能没有英雄，否则这个民族就不会强大。当国家危难之时，懦弱者选择了逃避、妥协甚至投降，英雄们却挺身而出，用热血捍卫民族的尊严，人民的幸福。在创立和建设新中国的伟大历程中，涌现出无数可歌可泣的英雄模范人物。他们之中，有为了民族独立和人民解放而英勇牺牲的革命先烈，有为了党和人民的事业而不懈奋斗的优秀共产党员，有在全民族抗战中顽强奋战、为国捐躯的爱国将士，有英勇杀敌的战斗英雄和革命群众，有积极从事进步活动的著名民主爱国人士和国际友人……他们是民族的脊梁、祖国的骄傲，是激励全体人民团结奋斗的精神力量。

　　《100位为新中国成立作出突出贡献的英雄模范人物传记》丛书，就像一部星光璀璨的英雄谱，真实、完整地记录了英雄模范人物不平凡的一生，再现了他们非凡的人格魅力和精神世界。"头颅可断腹可剖"的铁血将军杨靖宇，"毫不利己，专门利人"的白求恩，"抗战军人之魂"张自忠，"砍头不要紧"的夏明翰，"俯首甘为孺子牛"的文化斗士鲁迅……一串串闪光的名字，一个个动人的故事，犹如群星闪烁，光耀中华。

　　如今，战火已熄，硝烟已散，英雄已逝，我们沐浴在和平的幸福之中。在和平年代，人们不会忘记为今日的和平浴血奋战的英雄们，英雄的故事永远不会结束。让我们用英雄的故事唤醒我们心中的激情，为中华民族的伟大复兴而奋斗。

# 生平简介

王若飞（1896–1946），男，汉族，贵州省安顺县人，中共党员。

王若飞 1919 年 12 月赴法国勤工俭学。1922 年 6 月参与发起成立旅欧少年中国共产党。1923 年 4 月赴苏联学习，并转为中共党员。1925 年 3 月回国后任中共北方区委巡视员、中共中央训练部主任、中共豫陕区委书记。1926 年调上海任中共中央秘书部主任（即秘书长），参与处理中央日常工作。1926 年下半年到 1927 年初，参与领导上海工人武装起义。1928 年 6 月赴苏联莫斯科出席中共六大，后任中共驻共产国际代表团成员。1931 年回国，任中共西北特委特派员，后因叛徒出卖被捕。在狱中他坚贞不屈，1937 年获释后任中共陕甘宁边区宣传部部长、统战部部长。全国抗战爆发后，先后任中央华中兼华北工作委员会秘书长、八路军副参谋长。1940 年春至 1941 年 9 月任中共中央秘书长等职。1944 年 11 月起任中共中央南方局工委书记，负责主持南方局日常工作。1945 年 6 月在中共七大上当选为中央委员。同年 8 月与毛泽东、周恩来一起作为中共代表赴重庆同国民党谈判。1946 年 1 月代表中共方面出席在重庆召开的政治协商会议。1946 年 4 月 8 日在由重庆返回延安途中因飞机失事不幸遇难。

◄王若飞

# 目 录 MULU

## 奋笔疾书 / 089

王若飞在狱中写了大量的文章，以笔作刀枪，著文介绍中共党史，宣传党的政策，写时评、书评等，还上书绥远省主席傅作义，希望他以民族大义为重，率部抗日，对傅作义产生了一定的积极影响。

**35-40岁**

## 获救出狱 / 093

**40岁**

1936年9月，薄一波受中共北方局书记刘少奇的指示，成功地营救了被关押在太原某监狱中的王若飞。

## ■忠诚为党（1937-1946） / 097

## 鞠躬尽瘁 / 098

1937年8月，王若飞获得自由回到延安，担任中共陕甘宁边区党委统战部长、宣传部长。他以饱满的政治热情，对待工作兢兢业业，把"整个生命都埋在工作里"。

**41岁**

## 理论先锋 / 100

王若飞认真研究抗战的新形势，在毛主席和党中央的领导下，参与了根据地许多重大方针、政策的制定，成为毛主席的得力助手。

**41-48岁**

## 重庆谈判 / 108

由于王若飞具有雄辩的口才，"熟知国共双方各方面情况，且有谈判经验"。1945年8月28日，毛泽东带着周恩来、王若飞，从延安乘专机赴重庆，开始了长达43天的谈判。

**48岁**

# 一切为人民打算（代序）

在我党历史上，有一位杰出的无产阶级革命家。早在 1915 年，他就在舅父的带领下，参加"反袁运动"，从此走上革命道路。他曾经留学日本，赴法勤工俭学，参与发起成立旅欧中国少年共产党，积极从事马克思列宁主义的宣传；他先后任中共中央和许多地方党的多种职务，发动并领导了许多地区党的建设、工人运动和农民斗争，在严重的白色恐怖下坚持斗争。

他是一位杰出的中国共产党的外交家。他出任中共驻共产国际代表团成员，任东方大学中共旅莫支部委员，出席在莫斯科召开的共产国际执委第五次扩大会议。

他是一位杰出的坚定的中国共产党人。他因叛徒出卖不幸被捕。在近六年的铁窗生活中，他始终坚贞不屈，表现了一个共产党员的崇高气节。

他是一位杰出的马克思主义理论家。在狱中，在极端困难的条件下，他以笔作刀枪，著文介绍中共党史，宣传党的政策，写时评、书评等；被党组织营救回到延安后，他在深入调查研究的基础上，撰写了许多政治、军事文章，参与研讨和制定了许多关于抗日根据地建设的政策、指示，对推动抗日根据地各项建设事业作出了重要贡献。

他是一位杰出的对敌斗争的谈判家。抗战胜利前后，他曾作为中国共产党代表之一，多次参加同国民党的谈判。在重庆谈判期间，他日夜操劳、呕心沥血，协助毛泽东、周恩来工作，在改组政府和国民大会等重大问题上，团结各民主党派，同国民党的独裁政策进行了针锋相对的斗争。

他是一位杰出的共产主义战士。1946 年 4 月 8 日，他携带着中共代表团就宪法、国民政府组成等问题同国民党谈判最后的方案，同秦邦宪、叶挺、邓发和黄齐生等，乘飞机离开重庆返回延安，准备向中共中央请示汇报，不幸遇难，时年 50 岁。

毛泽东为烈士题词："为人民而死，虽死犹荣。"周恩来得知他遇难后，悲痛地说："失掉了他，好像失掉一种力量，失掉一种鼓励，失掉了一个帮手。"

他说："为了保存一个人的生命，而背叛了千万人的解放事业，遭到千万人的唾弃，那活着还有意思？"他以自己的生命，实践了"一切要为人民打算"的诺言。

他，就是中国共产党的优秀党员王若飞。

# 成长足迹

(1896-1914)

# → 童年磨难

★★★★★
（0-9岁）

1896年10月的一个傍晚，在贵州省安顺县城北一栋深宅大院里，传出一阵婴儿的啼哭，王若飞诞生了。

这套宅院始建于清代，故居临街，经过道进朝门进入四合院。院内铺以方形石板，有石砌花坛、鱼池等，房屋为木结构小青瓦建筑，具有清代民居风格。

宅院住的是一个在当地颇有名气的大户地主家庭，主人姓王，家里纳妻取妾，子孙满堂，雇工用人，人丁兴旺，车马成群，肥猪满圈，田丰地广，粮食满囤，丰衣足食。因为这一年风调雨顺，地里的庄稼籽粒饱满，眼下又添人进口，自然乐坏了年过九旬的王老太爷，他操起《康熙字典》，搜肠刮肚、绞尽脑汁地亲自给重孙子起了一个名字叫王运生，字号继仁。意思是重孙子出生于风调雨顺之年，希望他一生好运，长大了有出息，好继承祖业，光宗耀祖。这个王运生就是后来的王若飞。他出生这天是 1896 年 10 月 11 日，清光绪二十二年农历九月初五。

老太爷对重孙子自然是倍加呵护，天天都来看看他，甚至还求签拜佛，为他预测未来。一句话，重孙子深得老太爷的宠爱和喜欢。

如果照这样下去，王运生那可真是红运当道，一生幸福了。然而好景不长，老太爷体弱多病，加上年事已高，不久，老太爷撒手人寰，驾鹤西去了。

按理说，老太爷的去世不应该给小运生带来什么影响，但小运生的命运并没有像曾祖父起的名字那样"好运一生"，而是来了个 180 度的大转弯，更仿佛是从火炉里掉进了冰窟窿，使小运生小小年纪就经历了冰火两重天。

原来，小运生的奶奶不是他的亲奶奶，而是运生爷爷娶的小妾，运生的父亲，并不是她亲生养的儿子。所以，这个老女人一直对老太爷庇护运生一家，特别是那么喜欢小运生心存不满。老太爷活着的时候，她还不敢发作，老太爷一死，庇护小运生一家的大树倒了，厄运也就跟着来了。老女人开始变本加厉地迫害运生一家。由于担心运生一家将来要分王家的家产，所以，先是以种种借口，在小运生 5 岁那年将他的父亲赶出了家门，从此沦落天涯，漂泊异乡，根本无力顾及家中的妻儿老小。老女人还对运生的母亲百般虐待，让她像用人那样推碾子拉磨、洗衣服做饭,甚至寒冬酷暑也不例外。把小运生和他的妹妹更看做是眼中钉肉中刺,动不动就不明不白地踢他们两脚,骂他们一顿,还不让娘仨吃饱穿暖,弄得小运生和妹妹莫名其妙,不知道错在了哪里。

有一次,由于小运生同情到家里来交地租的佃户,被老女人知道了,她像一头发了疯的母老虎一样,大发淫威,不仅揪住小运生母亲的头发大打出手,破口大骂她养了一个吃里爬外、猪狗不如的败家子,还让小运生的伯叔们将小运生吊在树上用棍棒毒打,把小运生被打得皮开肉绽、鲜血淋漓。娘仨只能偷偷地抱头痛哭一番,还不能让老女人看见。

尽管小运生出生在一个有钱有势的封建地主家庭,本来应该生活得很幸福,但是,他并没有得到应该得到的爱,相反,却受到了不公正的待遇。小运生和母亲、妹妹天天伴着青灯烟火,整日遭受着老女人和这个封建地主家庭的欺辱和虐待,过着非人的生活。

悲惨的遭遇,痛苦的生活,在小运生的心里萌生了仇恨的种子,他恨这个家庭,恨那个老女人,恨这个不公平的社会。有朝一日一定要痛打老女人一次出出气,让她尝尝挨打的滋味,是小运生最大的愿望。

运生有个二舅父叫黄齐生,住在贵阳,以教书为业,家境也十分贫寒,但他对于运生母子三人的遭遇了如指掌,也非常同情和怜爱他们,老早就有带着她们娘仨回贵阳的打算,但担心自己也无力抚养他们，一直没有成行，只能是经常到运生家里探望，隔三差五给她们娘仨带一点吃的，每当这时，小运生和妹妹都像过年一样。

这一天，二舅父黄齐生又到安顺看望小运生母子来了。当他走进王家大院时，被眼前的情景惊呆了，只见运生的母亲面容憔悴，形容枯槁，小运生和妹妹面黄肌瘦，瘦骨嶙峋，衣衫褴褛，伤痕累累。黄齐生紧紧抱住小运生和妹妹，禁不住潸然泪下。小运生看到了二舅父，像见到了救星一样，在二舅父的怀里号啕大哭，声泪俱下地对二舅父说："舅舅，快带我们走吧，我一天都不想在这里待下去了！"

望着遍体鳞伤、可怜巴巴的外甥、外甥女，看

△ 王若飞故居

着他们被折磨成这样，黄齐生心如刀绞，他想，即使日子再难，也比寄人篱下受人摧残强啊。于是，他抱着小运生兄妹俩说："舅舅带你们走，就是冻死、饿死，我们也不在这儿受气！"

就这样，1903年的冬天，母子三人随黄齐生迁居贵阳，这一年，小运生7岁。

黄齐生是杰出的民主主义思想家、教育家，著名的社会活动家。出身贫寒，自学成才，追求光明，一生为救国救民而奋斗。

当时黄齐生创办的达德学堂进行的是西方的现代教育。

小运生虽然后来名扬海内，但小时候却与聪明好学相去甚远，黄齐生在《王若飞引述》中这样写道："甥生贵州安顺，八岁不识字，余往携至贵阳入小学，状类白痴。"

黄齐生创办的达德学校是贵州最早开办的小学校之一。在当时的社会环境中，"学校"一词有着特殊的含义，它是代表一种科学和民主的思想，是一种革命的组织。在当时的满清政府看来，它是"聚徒讲习谋为不轨的革命党"，在一般反动顽固的豪绅地主看来，它是"离经叛道散布危险思想的洋学堂"。当时的达德学校分高等小学（三年制）和国民小学（四年制），还开办有幼稚班（即预备班），黄齐生认为小运生不会成才，就让他在学校当校工打扫卫生，养着他。

后来有一件事改变了黄齐生对小运生的看法。

一天，黄齐生给学生出了一篇作文《明天的梦想》。一个学生交了作文以后，老先生一看，文章写得有理有据，纵古论今，旁征博引，老先生根据平时对这个学生的了解，说这肯定不是你写的，你写不出来。这个学生只好说是王运生写的。黄齐生大吃一惊，说他没读过书怎么会写文章，急忙让这个学生带他到小运生住的宿舍去。黄齐生掀开小运生的褥子，褥子底下全是小运生写的文章和毛笔字。一问才知道，小运生平时打扫卫生，有空就趴在教室的窗户外面听老师讲课，一来二去，不但认识了字，还学会了写文章。

黄齐生既为外甥的倔强和自强而感动和吃惊，同时也为外甥受到的委屈而自责和内疚。他马上决定让小运生读书学习。因此，从8岁开始，小运生就读于贵阳达德学校。舅父开始对他进行悉心培养，学习西方社会学和自然科学，接受民族、民主思想的教育。从此小运生基本上再没有离开过黄齐生。自小性格倔强的小运生每天起早贪晚、废寝忘食地读书学习。黄先生再也没有因此而小视似乎"状若白痴"的外甥，反而觉得他有别于一般的学子，他对小运生的学习给予了极大的帮助，嘱咐他可以任意翻阅家中的各种藏书。如此过了两三年，小运生终于爆发出惊人的潜能，从国小二年级连跳两级进入高小一年级，在学习上逐渐变得游刃有余。

# → 关山若飞

★★★★★
（10-15岁）

黄齐生创办的达德学堂，是一所宣传进步思想和倡导民主意识的学校。

那个年代，正值帝国主义列强野蛮入侵中国，而腐败无能的封建统治者丧权辱国，中国一步步陷入半殖民地半封建的境地。民族空前危机，国家积贫积弱，人民饥寒交迫，唤起了无数仁人志士为救国救民而上下求索、英勇奋斗。

小运生出生于祖业兴旺的殷实之家，但却备受封建地主家庭成员的欺辱。同时，他亲眼看到了周围百姓的苦难生活，这些都在小运生幼小的心里产生了深深的烙印。当然，小运生不可能知道和理解产生这些不合理现象的真实原因，只能直观地感到有钱人可恨、穷人可怜，更不知道应该怎样才能改变穷人的命运。

学校里有许多思想进步的教师。小运生从舅父黄齐生和其他进步教师那里受到了爱国主义和反封建思想的影响和熏陶。

当他刚刚懂事的时候，爆发了轰轰烈烈的义和团运动，但被清朝政府与外国侵略军联合绞杀，最后失败了。然而一场反帝反封建的革命运动在中华大地蓬勃兴起，如滚滚洪流势不可当。革命知识分子纷纷出版报刊杂志，传播宣传革命、民主、共和，反对封建帝制，革命火种在中华大地迅速蔓延起来。

运生虽然年纪还小，但在达德学校接触到的知识非常广泛，不仅可以学习本国的历史、政治，还可以学习西方的社会学和自然科学。舅父黄齐生和一些青年教师也常常在一起阅读和讨论章炳麟的《驳康有为论革命书》，陈天华的《猛回头》《警世钟》，邹容的《革命军》等著作，在黄齐生等进步教师的影响下，少年小运生开始萌发了初步的民族、民主革命思想。

小运生常常坐在一旁认真地倾听他们的谈话。他特别爱读舅父家里珍藏的大量进步书刊和古典文学名著，尤其是《水浒传》《西游记》《三国演义》、

▷ 达德学堂旧址

《说岳全传》这样具有宣传反抗朝廷和精忠报国内容的小说。

这年春天的一个深夜，贵阳城内万籁俱寂，在舅父黄齐生家的一间小屋里，昏暗的灯光下，运生手里捧着舅父指定他阅读的一本宋代郭茂倩编的《乐府诗集》，当他读到《木兰辞》时，一下子被诗中的主人公木兰女扮男装，代父从军，征战疆场，屡建功勋，凯旋回朝，建功受封，辞官还家的故事吸引住了。

万里赴戎机，关山度若飞。朔气传金柝，寒光照铁衣。将军百战死，壮士十年归。

当他读到"万里赴戎机，关山度若飞"的诗句时，他反复读了好几遍，兴奋极了。读着读着站了起来，在屋子里来回走着。忽然，他产生了一个奇特的想法，曾祖父给我起了个运生的名字，可是我却没有好运，还遭受了凌辱和欺负，我要像木兰一样，不远万里奔赴疆场，飞一样跨过一道道关，越过一座座山，于是，他把自己的名字改为王度，字若飞。意思是要像古人那样，为了民族的解放，不怕任何艰难困苦，不惜牺牲自己的生命。他把自己改名的想法告诉了舅父，舅父笑着说："有志气！"

从此，运生的名字再也无人知道，王若飞这个名字伴随了他的一生。王若飞立志以改造中国为己任，积极探求革命真理。从此走上了革命道路，把一生献给了革命，献给了人民。

1911 年 11 月，王若飞以第二名的成绩小学毕业。他怀着既想依赖舅父继续读书，又想自己挣钱养家以安慰母亲的矛盾心情，利用工作空隙继续到校听课，边当学徒边读书。

# 风雨历程

（1915—1922）

Une page d'histoire

# 投身革命

（19—21 岁）

1911 年 10 月 10 日，辛亥革命爆发了。

辛亥革命是 20 世纪中国第一次伟大的历史性巨变。它不仅推翻了统治中国几千年的封建帝制，建立了民主共和国，同时也唤醒了人民参加政治生活的觉悟，为以后的中国革命做了历史准备。

辛亥革命是中国革命民主派第一次用政党形式来组织领导的革命。这个政党就是孙中山先生倡导建立的中国同盟会。1894—1895 年，孙中山先后成立檀香山兴中会和香港兴中会总部，提出"驱除鞑虏，恢复中国，创立合众政府"纲领和激励几代中国人的"振兴中华"的口号，发出了中国民主革命的第一个信号。

11 月 4 日，贵州响应孙中山的号召，宣告独立，支持孙中山创立合众政府。作为著名的教育家、社会活动家，时任贵阳达德学校校长的黄齐生，强烈主张变革进取，支持并参与辛亥革命。他感到实现抱负的时机成熟，愤然说："今日何时，夙昔之愿，可以达矣。"黄齐生觉得应该以实际行动参加革命。他夙谙戏曲，决定对"陈腐"戏曲进行改良，倡导旧戏革新，改编旧剧本，以演文明戏的形式宣传革命、宣传民主。

1912 年，与黄齐生同校的教师聂正帮等人从上海学习结业归来，在带来的新消息、新风气中获悉了一个当时称之为"新剧"的艺术形式，他非常兴奋，认为这是旧戏革新正要寻求的一种新的、极好的艺术表现形式，同时也是参加辛亥革命的特殊形式。黄齐生把自己锁在屋子里，闭门谢客，编写剧本。

数月后，黄齐生创作了一个"新剧"的剧本《维新梦》。《维新梦》根据戊戌变法失败后，谭嗣同等六君子殉难为史实，反映了当时的中国正受到帝国主义侵略，清政府无能，必须实行变革，才能免遭列强瓜分和宰割的现实。

剧本写好后，黄齐生亲自担任导演，组织师生排练。剧中有一个车夫的角色，黄齐生提议让王若飞来扮演。为了演好这个角色，王若飞可是吃尽了苦头，他到贵阳市的人力车行去体验生活。他早出晚归，和人力车夫一起拉车，头顶烈日，天天光着脚在贵阳市的大街小巷不停地奔跑。

有一天，黄齐生从学校出来，看见门口停着一辆人力车，急着赶路的黄齐生，上了车就对车夫说："我有急事，麻烦你快点，我给你双倍的车钱。"只见那个人力车夫也不说话,拉起车就飞跑。等到了目的地,黄齐生赶紧下车,当他把钱递给人力车夫时,只见车夫冲着他笑了笑说:"舅舅,是我呀。"黄齐生一愣,原来刚才拉车奔跑的是外甥王若飞,舅舅大笑不止。他终于明白,外甥是为了演好自己的角色在这里体验生活呢。

1913 年 9 月 9 日晚,"新剧"《维新梦》在贵阳达德学校 10 周年校庆晚会上正式演出了。全剧充满了激越的爱国主义情节,特别是王若飞出演的人力车夫,让大家看到了一个劳动者在封建社会压迫下过着牛马不如生活的形象,十分感人。演出那天,黄齐生对王若飞的表演十分满意,当即撰写了一首《开会歌》,歌词中这样写道:"黔中从此破开荒,学子竟登场。唤起新社会,搜将旧事演新装……寄声高座客,从此获益成无疆。古人情况,自家情况,对照紧思量。"《达德学校日志》记录了当时演出的情景:"座位不敷,伫立以观,院儿不容,时又大雨如注,秩序井然。每幕演到妙处,鼓掌之声不绝。至九时半停演,来宾犹未尽然与觉,观者演者俱乐此而不疲也。"这是王若飞第一次以参加新剧演出的形式投身于辛亥革命。但是,贵州的封建势力不肯退出历史舞台,他们进行了激烈的反扑,进兵贵阳,黄齐生开办的学校因曾是贵州辛亥革命的指挥中心,而遭到了反动派的破坏。王若飞被迫离开了达德学校,到老师蔡衡武先生开办的文迈书局里做店员。在这里,他边工作边读书,为以后的成长打下了坚实的基础。

两年后,王若飞又随大舅父黄干夫到贵州省铜仁矿务局担任书办，协助管理文书事务。

1912 年元旦，中华民国成立，两千多年的中国封建帝制被辛亥革命所推翻。然而，在孙中山领导下建立的中华民国南京临时政府成立还不满 100 天，辛亥革命的胜利果实就被北洋军阀头子袁世凯窃取。在窃取了中央政权后，袁世凯倒行逆施，对外卖国，对内独裁。1915 年 5 月，王若飞由于参与全国各地反对袁世凯接受日本阴谋灭亡中国的"二十一条"的斗争，第一次被捕，一个多月以后才获释放。

令中国人民发指的是，1915 年 12 月 12 日袁世凯竟然宣布复辟封建帝制。在这种情况下，反对

▷ 黄齐生与王若飞的塑像

袁世凯复辟封建帝制的斗争，在全国范围内轰轰烈烈地开展起来！

1915 年 12 月 21、22 日，滇军军官及外地来昆明的爱国志士，在蔡锷、唐继尧的领导下，发动了反袁护国战争。12 月 23 日、12 月 25 日，蔡锷、唐继尧通电全国，宣布云南独立，誓师武装讨袁，从云南开始的护国战争正式爆发！

贵州于 1916 年 1 月 27 日宣布独立，支持护国战争。隆冬时节，天寒地冻，面对这样的政治局势和气候，王若飞的心里难以平静，他恨不得能够插上翅膀，立刻飞到护国讨袁的革命队伍里。但是，自己却在大舅父的矿务局里担当重任，怎么才能做通大舅父的工作，让他同意自己去参加护国讨袁队伍呢。他一连几天吃不好，睡不着。这时，二舅父黄齐生突然来找他。

黄齐生当时是贵州省政府省长刘显世委派的对外联络的代表，其任务就是负责组织对外联络各地革命势力，互通情报，以便采取统一行动，发动贵州护国起义。黄齐生觉得，自己目标太大，需要找一个年轻人帮助，他马上想到了外甥王若飞。黄齐生认为，通过锻炼，王若飞已经能够参加革命活动了，况且，现在王若飞已经 20 岁了，该出去闯荡闯荡，经经风雨，见见世面，干一番事业了。

王若飞见二舅父要带他参加革命活动，欣喜若狂。黄齐生说服了大舅父黄干夫，带着王若飞正式参加辛亥革命。

按照舅父黄齐生的安排，王若飞星夜兼程，跋山涉水，从贵州到湖南刺探敌情，送情报，联络队伍，协调讨袁行动。当他从湖南准备到上海，走到湖南省辰溪时，被反动驻军扣押，但王若飞沉着冷静，面无惧色，严守机密，巧妙应对。敌人也不知道这个 20 岁的年轻人是谁，见从王若飞身上捞不到什么油水，只好把他放了。王若飞脱身后，急忙赶到上海，与舅父黄齐生会合，参加了反对袁世凯复辟帝制的贵州护国起义。他还拿着黄齐生的信函，说服了在铜仁驻军的团长彭公武举行讨袁起义。王若飞遍历了湖南、上海、江苏、山东、河南、山西等省，进行反袁宣传与联络。1916 年，他回到达德学校担任小学教员。

 知错必改

★★★★★

（22 岁）

世界上没有圣人，既然如此，孰能无过？人最可贵的不是不犯错误，可贵的是能够认识到自己的错误，并且知错必改，尤其是年轻人。王若飞就是这样一个人。

在黄齐生的精心栽培下，王若飞品学兼优，1917年冬，他考取了黔中道尹王伯群选派的官费留学日本资格，是贵州八个名额的官费留日学生之一，1918年3月，黄齐生带着王若飞等弟子经过千里跋涉到了上海，准备东渡日本。在上海等待去日本出发的前夕，黄齐生去见贵州自治学社领导人物张百麟。

光绪末年，列强虎视眈眈，企图瓜分中国，先后签订了《英俄协约》《日法协约》和《日俄协约》，国人无不痛心疾首。张百麟认为时机已经成熟，于光绪三十三年十月(1907年11月)在贵阳田家巷镜秋轩照相馆集会，成立"自治学社"，以"学会"之名而行"革命"之实。学会的宗旨是"合群救亡"，标榜"平民主义"和"宽大主义"。自治学社成立后，张百麟放弃法政学堂学业，专心社务活动，注重人才培养，吸收自治学社加入同盟会，与东京总部取得联系。自治学社的社员遍及全国，影响颇大。张百麟到上海后，晋见了运筹打倒反动军阀、规划中国经济建设宏伟蓝图的孙中山和黄兴。张百麟向孙中山介绍了黄齐生在贵州开展护国讨袁的情况，孙中山得知黄齐生即将率黔中弟子赴日留学，急欲一见。

黄齐生兴致勃勃地去法租界孙中山的住宅拜会了这位中国民主先行者，两个人聊得非常投机，一直畅谈到深夜。那天，孙中山对黄齐生的行为十分赞赏，说道："黄先生，你率领的弟子中，焉知没有明日救中国于水火之中的栋梁之材？"黄齐生嘴上说，他们还不成熟，还需要磨炼，但心里还是乐滋滋的。他想自己这么多年办学堂，不就是为了培养革命事业的后继人才吗。眼下若飞他们马上就要到日本去了，以后他们就是国家的宝贵财富啊。黄齐生越想越兴奋，恨不得马上就能够到日本。

当黄齐生兴冲冲地回到旅馆时，眼前的景象让他惊呆了，只见他期待的"栋梁之材"王若飞和几个同学竟然在旅馆内聚精会神地打麻将。刚才从孙中山先生那里，黄齐生刚刚夸下海口，要把这几个弟子尽快培养成为国家的栋梁之材，没想到，这几个"栋梁之材"却在这里玩了起来。黄齐生怒不可遏地喊道："好啊，我还把你们看做是将来国家的栋梁之材呢，没想到，你们是一帮玩物丧志的庸才！"

王若飞等人正玩得非常投入，舅父什么时候回到身边的也不知道，当他们听到舅父的大声呵斥，回头看到黄齐生那震怒的神色时，全都愣住了。黄

▷ 王若飞等赴日留学（后排左二为王若飞）

齐生这时气得两手发抖，青筋暴跳。他摇摇晃晃地走到牌桌前，突然咆哮起来："哼！要救国救民，要革命斗争，说得多好听呀，滚！你们统统滚回贵州去吸大烟，去赌钱，去贪赃枉法去吧，从今后我们大路朝天，各走半边！"说完，气咻咻地走了。

王若飞和同学们吓坏了，他们从来没有看见舅父因为什么事情发过这么大的火，也明白自己做错了，他们不约而同齐刷刷地跪下来向黄齐生认错，尤其是王若飞，他感到十分惭愧，舅父对他寄予这么大的希望，自己却这么不争气。他更是感到对不起舅父对自己的培养教育和期望。

但黄齐生并没有宽恕他们，他跟跟跄跄地走进自己的卧室，心如刀剜，心潮起伏，久久不能平静。孙中山先生白天对自己说的话仍然响在耳边，自己对孙中山先生的誓言也一直在萦绕，可是，眼下的情景，使他感到特别的失望，他长时间无法入眠。

半夜十分，他听到自己的房门外有抽泣声，他打开房门一看，王若飞和同学们都齐刷刷地跪在门外，尤其是王若飞放声痛哭："阿舅，我们错了！"

黄齐生一见这种情景，心肠一下软了下来，他长叹一声说："唉，你们都起来吧，人非圣贤，孰能无过，知错能改，善莫大焉！我也有错，没有把你们带好，对不起你们的父母，更对不起贵州父老乡亲对我的重托！"

多少年后，王若飞都牢记着在上海这难忘的一夜。从此，在他的革命生涯中，对自己也更加严格了。

# 东渡日本

★★★★★

（22—23 岁）

1918 年春天，王若飞与谢六逸、刘锡麟等五名同学在黄齐生的带领下于 3 月 8 日抵达日本东京，被日本明治大学教育系录取，开始学习日文。

日本明治大学是一所私立学校，创立于 1881 年，接受想要在该校学习的各国留学生。学校以"权利自由"、"独立自治"作为基本理念，致力于培养适应"质朴刚健"、"新知识的创造"、"时代的请求"的人才。当时，我国有许多青年在这所大学里学习，对我国的发展有很大的贡献。那个年代，正值帝国主义列强野蛮入侵中国，而腐败无能的政府让王若飞感到特别的失望，他并不满足于从课堂中获取的知识，更加勤于自学，兴趣广泛，广泛收集和阅读在日本流行的各种进步书刊。开始接触马克思主义，倾向社会主义。

　　我国最早的马克思主义者、北京大学图书馆主任李大钊，1918 年 7 月在报刊上发表了《法俄革命之比较观》。他指出："俄罗斯之革命是 20 世纪初期之革命，是立于社会主义上之革命，是社会的革命而并著世界的革命之彩色者也。"又说："20 世纪初叶以后之文明，必将起绝大之变动，其萌芽即苗发于今日俄国革命血潮之中。"这年的 11 月 15 日，李大钊在北京天安门前的演讲大会上，发表了著

▷ 陈独秀

◁ 李大钊

名的演说《庶民的胜利》，开始从革命的民主主义者向马列主义者转变。从 1918 年开始，李大钊和陈独秀轮流编辑《新青年》杂志，其间和鲁迅建立了崇高的战斗友谊。1918 年 12 月，李大钊与陈独秀发起的《每周评论》创刊，广泛宣传介绍马克思主义。这些文章通过黄齐生国内的朋友、教育界的同行由国内各种渠道源源不断地传到了日本明治大学。黄齐生每次接到这些书刊都及时给王若飞和他的同学们。王若飞读了这些书刊和文章，感到一直困惑他的问题找到了答案。他非常兴奋地说："这些书刊和文章，就像一把钥匙，打开了我思想之门，使我豁然开朗，从此开始追求一条能够使中国人民摆脱帝国主义与封建主义压迫而获得解放的道路。"可以肯定地说，王若飞是在日本明治大学里最早接触到马克思主义和社会主义学说的，并且这些学说还是通过国内的书刊传到日本明治大学的。

在十月革命的巨大影响下，在中国社会经济情况和阶级关系的新变化的基础上，1919 年 5 月 4 日，中国爆发了划时代的革命运动。第一次帝国主义世界大战结束后，1919 年 1 月，战胜的帝国主义国家在法国巴黎召开了"巴黎和会"。因为北洋军阀政府曾派出一批华工为这个战争服务，所以中国也算作战胜国。但是，会议却准备把战败国德国原来在中国山东的各项特权交给日本接管。中国政府竟准备在《巴黎和约》上签字予以承认。这个消息传出以后，激起了中国人民的强烈愤怒和反抗。5 月 4 日，北京学生三千余人，在"外争国权，内惩国贼"等口号下，在北京天安门前举行游行示威，抗议这个卑鄙的勾当。全国各地青年学生热烈响应，纷纷罢课、示威，广泛进行爱国宣传。北洋军阀政府与帝国主义勾结起来，蛮横镇压。从6月3日起，北京学生展开了更大规模的街头宣传。反动政府仅在两天内就逮捕学生近一千人。这种大规模的逮捕，激起了全国人民更大的愤怒。这时，中国工人阶级以坚强的生力军的气概，英勇地投入了战斗。从6月5日至11日，上海六七万产业工人首先举行了罢工，加上手工业工人和店员，罢工人数达到十万以上。接着，南京、天津、杭州、九江等地的工人也先后举行罢工或游行示威。工人罢工的同时，上海和其他很多地方的商人也举行了罢市。运动以罢工、罢课、罢市、集会、游行等方式迅速展开，遍及了二十多个省一百五十多个城市。在巴黎的中国学生和工人也纷纷要求中国政府的代表不得在和约上签字，并坚决表示一定要以死相争。面对这样轰轰烈烈的大规模的群众运动，反动政府被吓慌了，不得不答应群众的要求，于6月10日罢免了曹汝霖、章宗祥、陆宗舆三个亲日派卖国官吏，并拒绝在《巴黎和约》上签字。

　　五四运动的消息传到了日本，王若飞欣喜若狂，他立即投入到了这场运动。他在留学生组织的集会上发表爱国演讲，号召留学生起来声援国内运动，并且和留日的爱国青年学生一起在东京示威游行，愤怒声讨日本帝国主义和中国军阀的行径。五四运动爆发后，日本政府开始排斥中国留学生。目睹当时日本社会的反华排外状况，面对国内如火如荼的爱国热潮，王若飞坐不住了，他感

△ 日本明治大学

到，自己想在日本寻求救国救民真理的愿望是不可能实现的梦想。他对舅父黄齐生说："国内爆发的革命运动才是施展我才华的舞台，我要回国参加革命。"黄齐生表示理解外甥的决定。

5月7日是北洋军阀政府与日本签订丧权辱国的"二十一条"的"国耻日"，日本军国主义政府在这天公然举行所谓的"庆典"游行活动，王若飞对此非常气愤，当即离开日本回国参加五四运动。回国后，王若飞立刻投身于反帝反封建的革命宣传活动。随后又参加了黄齐生领导的"贵州教育实业考察团"，到山东、河南、河北、山西诸省考察，于10月到达上海。如果说，马克思列宁主义与中国革命实践相结合产生了新的理论，那么王若飞把从日本明治大学学习期间所学习的马克思主义和社会主义的思想，回国以后与中国的五四运动有机地结合起来，使他开始了向社会主义和共产主义战士的转变。

 勤工俭学

★★★★★

（23—24 岁）

1919 年 10 月，王若飞参加了舅父组织的考察活动回到上海，正值北京大学校长、赴法俭学会会长蔡元培和李石曾等人发起组织赴法勤工俭学运动。五四运动后，在学生中流行"工业救国"的思想，王若飞抱着考察各国社会情况、寻求革命真理的愿望，随黄齐生等一起赴法勤工俭学。

第一次世界大战时期，法国极度缺乏劳动力，他们到中国来大量招募华工。五四运动时期，中国青年接受新文化运动和反帝爱国斗争的影响，为了寻找救国救民的知识和真理，为"输世界文明于国内"，大批青年投入了赴法勤工俭学运动。为"发展中法两国之交谊"，促进中国经济文化之发展，在巴黎和国内都成立了华法教育会，组织赴法勤工俭学活动，他们到法国后，有的先工后学，有的先学后工，有的边工边读。由于法国是巴黎公社的故乡，距离马克思的故乡德国较近，离十月革命的发源地俄国也不远，到那里便于寻求十月革命的真理。所以，赴法勤工俭学成为当时许多有志中国青年的理想，受到了一大批先进的中国知识分子的响应和支持，仅 1920 年 8、9 月，就有五六百中国青年进入法国七十多家工厂，还有的当散工、干

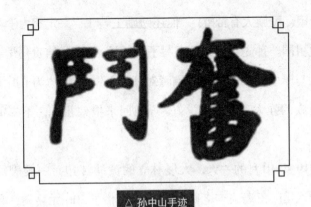

△ 孙中山手迹

杂活。约六百七十人进入巴黎及各地三十多个学校，其中多是首先补习法文，然后进入工业实习学校及其他学校学习。1920年前后，先后有一千五百多名中国青年赴法勤工俭学，蔡和森、赵世炎、周恩来、徐特立、陈毅、朱德、邓小平、李富春、向警予、蔡畅、陈延年、陈乔年、郭隆真、钟汝梅、刘清扬、聂荣臻、何长工、李维汉、萧三等都曾在这里边学习边工作。

王若飞就是在勤工俭学热潮的感召下，报着为了改变中国命运的理想和寻求救国救民真理的抱负到法国参加勤工俭学的。行前，黄齐生先生带着他，在上海拜访了伟大的民主革命先行者孙中山先生。孙中山先生在自己的寓所接见了王若飞和黄齐生。这时的王若飞23岁，已经是一个相貌堂堂、英姿勃发的小伙子了。孙先生看到王若飞那朝气蓬勃的样子非常高兴，他对王若飞说："国家兴亡，匹夫有责。作为有志青年，当以国家之强盛、民族之兴旺为大任。看到你们这些青年人有此志向，我为之欣慰，国家大有希望，民族大有希望！"他还勉励王若飞，一定努力学习，早日报效祖国。孙先生还亲笔书写了"奋斗"二字赠给贵州学子，以示鼓励与厚望。王若飞挺着胸膛对孙中山先生说："为了祖国的振兴和民族的强大，我一定学好，早日回来报效祖国，不辜负您的希望。"

1919年10月的一天，大厦林立的黄浦江边，一艘艘巨轮不时拉响汽笛。王若飞向老师蔡衡武先生借了300元路费，和舅父黄齐生以及一大批贫困的青年学生一起，乘坐美国"渥隆"号轮

△ 王若飞（左二）初到法国时和同学在巴黎枫丹白露的合影

船经过一个多月的艰辛旅程，于 11 月 25 日抵达了法国南部的马赛港。然后在马赛港登陆，改乘火车，漂泊行驶了近两个月，终于到了向往已久的法国首都巴黎。

留法勤工俭学运动不仅意味着历来轻视体力劳动的中国知识分子的后代靠着自己做工去挣得学费，而且说明了他们在积极地赞美劳动的神圣，学习外国，努力把知识和劳动结合起来，在血和汗的奋斗中，寻求马克思列宁主义真理。

勤工俭学的生活是很艰苦的。中国学生从事的多是低层次的体力劳动，工资仅仅是法国工人的一半。除去生活费、学费，他们只能勉强度日。华法教育会不时地给生病、失业的学生少许救济，但杯水车薪，无济于事。大多数学生能够坚持做工，坚持学习，依靠的是坚强的意志和学好知识和技术报效祖国的信念。

刚到巴黎时，王若飞在方登普鲁公学补习了四个月法文。王若飞到法国后，只住了三个月学校，其余三年多时间完全靠做工来维持生活，为寻职业曾流寓法国、比利时的许多城市，常常失业和忍饥挨饿。曾经把自己在法国的生活写照《一个特别的学生》寄回母校，发表在《达德周刊》上，从中我们可以清晰地看到一个寻求真理的进步青年如饥似渴地吸取知识营养的生动画面。王若飞做的是铸造工，他把做工的目的概括为四条：一是养成劳动的习惯；二是把性磨定，把身练劲；三是达求学之一种方法；四是实地考察，了解劳动真相。在做工之余他抓紧时间读书。他安排了一个"每日工作八点钟，读书五点钟"的工读时间表，并且严格按照时间表进行学习、劳动和生活，并且坚持记日记。他说："认真研究学问，每天读书的时间并不在多，果能做到心不外驰，读书一点钟，可以比别人读三点钟，一天读五点钟的书，已经是很多了。"

1920 年 4 月，王若飞到圣夏蒙一家大型的钢铁厂做工。圣夏蒙黑烟滚滚，河水污浊，工人们衣着破烂。王若飞暗暗告诉自己："粗野的劳动者，才是人类过正当生活的人，又是文明的制造者。"勤工俭学完全打破了中国知识分子脱离劳动的弊病，也粉碎了知识分子爱虚荣，缺乏真才实学，过寄生生活的梦想。勤工俭学在知识和实践的结合上取得了成功。徐特立高度赞扬勤工俭学运动，但王若飞的观点却不太相同："我非不知劳动为自己对人类应尽之一种义务，劳动为良心上平安的生活，劳动是愉快的事业，对于劳动而生痛苦观念是很可耻的事。但是，现在这种劳动，完全是替别人做事，拿劳力卖钱，不是自动自生的劳动。"

　　推动当时的人们不畏艰苦、远涉重洋的内在动力到底是什么呢？这一时期也在欧洲游历考察的黄齐生以诗言志："水尽山穷走何方？东洋游罢更西洋。百闻终不如一见，耳目从此大开张。四十始学埃、皮、西，伦敦聋媪笑吾愚：'莫非学去阴司用？''植点根基也好的'。"而很快就过了语言关的王若飞利用做工的机会，一方面"集合同志研究社会主义书籍"，一方面则广泛地接触了资本主义社会生活的实际，锻炼自己，考察资本主义社会，接触工人群众，研究工人运动，研究社会主义思潮和马克思主义。他和一大批青年学生，积极投身法国工会的斗争以及组织驻法华工奋起争取基本权利，也正是在这样的反复锤炼当中，他迅速地成长为坚定的马克思主义者。

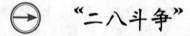

# "二八斗争"

★★★★★
（25岁）

当时赴法勤工俭学是我国不少进步青年选择的人生道路，王若飞在这里结识了蔡和森、赵世炎、周恩来和陈延年等人。在法国加入了"社会主义研究会"，组织一部分留法勤工俭学的学生成立"工学互助社"。他曾专程到蒙达尼拜访蔡和森、赵世炎、李维汉等同志，并且一起建立了社会主义组织"工学世界社"。1920年秋，"工学世界社"在蒙达尼集会，在讨论改造中国的方法时，王若飞在会上发表演说，响亮地喊出"我们要走苏俄工人阶级的道路"，反对用无政府主义改造中国的主张。这是王若飞最先提出的走十月革命道路的政治观点。

第一次世界大战以后，法国的元气大伤，

生产亟待恢复。一时看来似乎缺乏劳动力。兼之留法勤工俭学运动初期，去的人还不算多，华法教育会接待热情，留法勤工俭学学生到了法国，很快就找到了工作。在报纸上也经常刊登招工广告，什么工厂招什么人，留学生只要自己认为合适的就马上写信，即可应招入厂。勤工俭学学生到了法国流动也大，先后进过几个工厂或学校的人相当多。

△ 华法教育会会所旧址

从 1919 年 3 月至 1920 年底，一千六七百勤工俭学学生到了法国，其速度之快，规模之大，是华法教育会发起者们所未曾预料到的。加上当时法国出现了经济危机，造成工人失业，不仅大批新到的勤工俭学学生找工作困难，连已进工厂做工的也被遣散失业。华法教育会内几个不避风雨的帆布工棚挤满了人，靠领维持费过最低生活。1921 年 1 月 12 日和 16 日，华法教育会两次发布通告，公开宣布与勤工俭学学生脱离关系并停发维持费。这无疑是将身处异国、举目无亲的勤工俭学学生置于死地。广大勤工俭学学生被迫起来反抗，一场声势浩大的求学请愿运动爆发了。

危急时刻，蔡和森、王若飞等人组织的工学互助社发挥了很大的作用。有的学校以拖欠学费为名勒令学生退学，工学互助社向各地勤工俭学学生分发印刷品，号召他们奋起斗争。工学互助社还揭露了华法教育会和公使馆不负责任，剥夺贫穷子弟求学权的阴谋。1 月下旬，集中在巴黎的勤工俭学学生推举六名代表到驻法公使馆要求政府为每个勤工俭学学生每月提供 400 法郎的求学费用。不久北洋政府回电驻法公使陈箓，拒绝勤工俭学学生的要求，并责令陈箓将失学无工作的学生分别遣送回国。2 月 27 日上午，工学互助社在巴黎一家咖啡馆召开了"赴法勤工俭学学生代表大会"。大会一致通过了驳斥对于勤工俭学运动的中伤、非难，提出了有利于勤工俭学运动的"劳动权、求学权、生存权"的口号，并决定次日到公使馆进行请愿。决定向政府提出：(1) 发给勤工俭学学生每人每月 400 法郎的入学津贴；(2)无条件开放中华、中比大学，接受勤工俭学学生入校；还决定 28 日上午八时半，凡参加请愿的同学在公使馆附近的"好货品商店"广场集中。会上选出蔡和森、王若飞、李嘉秀等各省代表十人为发言人。

28 日参加请愿大会的有四百多人，从法国各地来到蒙达尔纪的学生，在蔡和森、王若飞及向警予的带领下，开始向巴黎的中国公使馆进发。勤工俭学学生包围了中国驻巴黎公使馆，当面把请愿书交给陈箓。陈箓一概推卸责任，最后只答应代电国内设法救济，竟拂袖而去。11 时半他在十多个法国武装警察的保护下向群众说："北京政府令吾设法遣送诸君回国。"拒绝每月发维持费400 法郎和里昂中华大学向勤工俭学生无条件开放。正当学生质问陈箓时，警察冲入广场，用警棍和枪托对付手无寸铁的学生，许多学生被打伤，四百多学生被驱散。后来，中法官方迫于国内外各界舆论压力，取消了停发维持费的决定。历史上把这次事件称为"二八斗争"。

# → 拒款运动

1921 年 6 月，北洋军阀政府由于内战的需要，准备向法国进行一笔秘密借款交易，派特使朱启钤、吴鼎昌到法国进行秘密借款谈判。内容是：法国向中国提供三亿法郎借款，用来维持行将倒闭的法国中法实业银行和北洋政府购买军火，进行军阀战争。中国以印花税、验契税和滇渝铁路的建筑权作抵押。当这一出卖国家利益的借款内幕一经传出后，立即引起旅法华工、勤工俭学学生以及各界华人的极大义愤，他们立即组织开展反对秘密借款的爱国斗争。王若飞、蔡和森等直接写信给中国驻法国大使，要求他们取消借款决定。

6 月 14 日，王若飞、李慰农、张增益等 23 人签名散发的传单揭露了朱启钤、吴鼎昌来法进行秘密借款的行径。周恩来证实了消息后，立即将消息通知旅法华侨各团体负责人。圣·日耳曼大学的陈毅也将消息通知了工学世界社。旅法华人各团体华工会、中国留法学生联合会、国际和平促进会、西里问题研究会、巴黎通讯社、旅欧周刊社等组织了"拒款委员会"，领导旅法华人掀起了声势浩大的拒款运动。

6月30日，在勤工俭学的学生赵世炎、王若飞、蔡和森等的组织下，在巴黎哲人厅召开旅法各团体拒款大会，会议由赵世炎主持，参加者三百余人。大会揭露了中法秘密借款的阴谋，收到了各地华人团体全力支持这次爱国运动的函电，赢得了法国舆

△ 法国翁日省的故底拉是华工的宿营地之一，当年曾有万余名华工在此住宿。

论界正直人士的支持，给中法反动势力一次沉重的打击。中法双方秘密借款谈判被迫暂停。

但树欲静而风不止，中法双方秘密借款谈判不久又恢复了。7月底法国报纸揭露，中法借款合同于7月25日草签，借款由三亿法郎增为五亿法郎。8月13日，旅法华人再次在哲人厅召开拒款大会，参加大会的一千三百多人。陈箓不敢到会，派公使馆秘书王曾思充当代表。王在台上态度横蛮，矢口否认有借款事。与会群众在愤怒之下痛打王曾思，王被迫代表陈箓在决议上签字，保证决不在中法借款合同上签字。倘若借款成立，"公使及全体职员立时辞职，以谢国人"。

这次拒款运动有两点收获：首先是旅法华工、留法勤工俭学学生以及各界华人，为了民族的尊严、国家的利益，团结起来，高举爱国主义旗帜，坚决与卖国政府进行斗争，使中法借款中止，运动取得胜利。第二，促使勤工俭学学生总结了教训，在政治认识上和行动上达到一致。他们发出"同人等以国破家亡，学焉何用，饮鸩止渴，谁则肯为。宁愿拒款而为玉碎，不愿承认以图瓦全"的誓言，决不因任何困难与压力而谋求妥协，在国际上显示了中国青年高尚的品格和气节。

经过两个月的坚持斗争，王若飞锻炼了组织斗争能力，进一步认识了只有彻底革命、打倒军阀政府，中国人民才真正有出路。

# → "争回里大"

在各界华人的共同努力下，中法秘密借款阴谋终于破产了。气愤之极的"中法委员会"恼羞成怒，怀恨在心，借此向勤工俭学学生采取报复手段。9月3日，法国政府发出通告：宣布9月5日起停发维持费。9月12日，里昂中华大学发出通告：凡入校学生必经呈验文凭和进行考试；不收非官费生和无支付学费、生活费者。两个通告，既断绝了勤工俭学学生生活的来源，又关闭了进里昂中华大学求学的大门。

里昂中华大学本来就是以解决留法勤工俭学学生求学问题所办。吴稚晖完全否认里大的创办同勤工俭学的关系，杜绝勤工俭学学生入学。在这双重高压下，一场直指中国政府，以争取求学的政治运动，即"争回里大"运动爆发了。

9月5日，学生们再次发出抗议通告。9月17日，学生们斗争情绪更加高涨，一百多名代表在巴黎召开代表大会。会议由赵世炎、蔡和森主持。会议提出"誓死争回里大"、"绝对不承认部分解决"、"绝对不承认考试"三个口号，通过了"以开放里昂大学为唯一目标"的决议，确定把勤工俭学总会迁往里昂中法大学，进军里昂，强行占据中法大学。还决定派代表到里昂和校方谈判。正值此时，传出吴稚晖带领国内招收的一百余学生即将到达和9月25日里大正式开学的消息。谈判已来不及，只有直接行动一条路。

9月19日晚，即先头部队进军里昂的前一天，学生代表王若飞等人到公使馆会见陈籙，坦诚告诉他要在国内新生到来之前，进入里昂大学以求解决，并要求陈籙出面向法国政府交涉。狡猾的陈籙不仅装模作样地替学生出主意，叫学生搬进里昂大学住下再说，还假惺惺拿出2000法郎作为先发队赴里昂的路费。学生们知道，陈籙肯定心怀鬼胎，但又觉得"失此机会不图，以后再也没有争回里大的希望，勤工俭学的根本问题亦舍此无法解决，故仍以破釜沉舟的决心奋然去做"。其实，陈籙背后，有着更为狡猾的法帝国主义。在法国公使给本国公使的电报中，宣称"我们要做到对这一遣返不负任何责任，重要的是把当事者的愤怒引向他们的政府"。不论是对北京军阀政府，还是对法帝国主义，进军里昂都是他们将勤工俭学学生中的先进分子一网打尽的绝妙机会。

9月21日晨，勤工俭学学生代表大会发出《紧急通告》宣布：

△ 里昂中法大学旧址

除周恩来、王若飞等五名代表驻巴黎外，于通告发布日即迁移里昂办公；组织先发队一百多人赴里昂占据里大一座楼房。揭露了驻法公使陈籙在赴里昂占领里大问题上，表面持默认态度，实则有意设下陷害勤工俭学学生的阴谋。校方拒绝勤工俭学学生入学要求并与里昂当局勾结，派警察包围学校，许进不许出，先发队同外界的联系被切断了。

午后4时半，二三百名警察包围了里昂中法大学，没收了先发队员们随身带的护照，使得他们无法行动。当晚，学生们在学校的空房中过夜。次日，警察逮捕了所有学生，把这些学生拘禁起来。留在巴黎的王若飞、周恩来等人得知全体先发队员被捕的消息后，立即改变原定计划，决定首先营救被捕学生。周恩来和王若飞恳请勤工俭学学生中的两位长者徐特立和黄齐生，去与有关当局交涉。同时立即找陈籙谈判，提出驻法公使馆有责任向法国外交部交涉，无条件释放被押学生。但陈籙假惺惺地矢口不谈他曾默认先发队占里大的事实，竟然强加给学生们四条罪状：擅入人室；侮辱市长；散发传单；接近共产党新闻记者。谈判毫无结果。

为抗议中法当局的反动行径，被囚学生于10月10日宣布绝食一天。事态的发展引起了法国各界进步人士的极大关注和同情。法共机关报《人道报》多次介绍这次斗争的情况，谴责法国政府迫害无辜中国学生。然而中法反动当局不顾来自各方面的舆论，终于在10月13日晚，以"过激党"和"宣传共产主义"的罪名，动用大批军警将104名先遣队员武装押解到马赛，强行遣送回国。

"争回里大"斗争最终失败了，但是在这场斗争中显示了勤工俭学学生的团结和觉醒，使王若飞等一批先进的中国青年学生认识到工读主义改造不了社会，从而走向革命的道路。同时也使他们感到要建立一个思想上、政治上统一的革命组织的必要，这就为旅欧党团组织的建立创造了条件。

# 忠诚战士

(1922—1931)

## → 光荣入党

★★★★★

（26—28 岁）

　　1921 年留法勤工俭学学生所进行的三大斗
争，促成了其中先进分子的新的觉醒。这时的
中国，刚刚经历了开天辟地的大事变。7 月 31 日，
来自各地共产主义小组和共产国际的代表马林
共 14 人，在浙江嘉兴南湖的一艘游船上聚会，
庄严宣布中国共产党成立了。消息传到了法国，
在法国勤工俭学学生中引起了极大的反响。归
国的勤工俭学学生面对黑暗的社会、腐败的政
府，进一步意识到肩负的救国责任的重大，更
加坚定了革命的信心。他们认识到建立一个战
斗组织的必要性，从此，留法勤工俭学运动掀
开了崭新的一页。

　　1922 年 6 月 3 日在巴黎西郊布伦森林的一

个小广场，召开了"旅欧中国少年共产党"成立代表会。在勤工俭学学会、世界工学社等进步团体的基础上，组织成立"中国少年共产党"。参加成立大会的有来自法、德、比等国的勤工俭学学生代表18人。其中包括赵世炎、周恩来、李维汉、王若飞、陈延年、陈乔年、萧子璋、刘伯坚、傅钟、余立亚等。周恩来专程从德国赶来参加会议。会议租用了一家露天咖啡茶座的18把椅子，在一块空地上开会。这样的环境，即使警察来了，也没关系。

会议共开了三天，由赵世炎主持。经过讨论，会议决定团组织的名称为"旅欧中国少年共产党"。通过了章程和工作计划，并选举赵世炎、周恩来、李维汉三人组成旅欧中国少年共产党中央执行委员会，由赵世炎任书记，周恩来任宣传委员，李维汉任组织委员。随后增补王若飞、尹宽、陈延年为执行委员。党部设在巴黎弋德弗鲁瓦街17号一座旅馆内。

1922年6月9日，王若飞和舅父黄齐生来到巴黎以南的哈金森工厂做工，和邓希贤（邓小平）同住一个工棚，舅甥两人同时和这个川籍小青年结为挚友。两个多月后的8月24日是邓希贤18岁的生日，那天一大早，王若飞就大叫道："西关男儿年十八，跨马横刀走天涯，我们的希贤满十八岁了，应该庆贺庆贺！"

随即王若飞和舅父分头去打酒买肉，邀约友人在异国他乡为邓希贤办了一个简约而又浓情的生日"宴会"。

"旅欧中国少年共产党"于12月17日在巴黎郊外召开临时代表大会。大会由赵世炎主持。会议决定加入中国社会主义青年团，将"旅欧中国少年共产党"改名为"旅欧中国共产主义青年团",并把原来的中央执行委员会改为执行委员会。大会选出五位执行委员,周恩来任书记,王若飞是执行委员之一,并担任华工运动组长、中央组织委员,参加编辑、出版《少年》、《赤光》等刊物。

1922年9、10月间,当时越南劳动党创始人阮爱国(胡志明),是法国共产党1920年建党时的

◁ 邓小平在法国哈金森橡胶工厂做工时的档案卡

党员，其父阮生色是越南著名汉学家，阮爱国受其父的影响，不但能说汉语而且会作汉诗，他在巴黎主编法共属下的《穷苦人报》，和王若飞等人交往甚密，而且志趣相投，所以介绍了王若飞、赵世炎、陈延年、陈乔年、萧三等五人加入了法国共产党。1923 年 4 月，中共中央委员会承认他们转入中国共产党。王若飞和已经加入共产党的党员们一起组成了中国共产党旅欧总支部，并担任了中共旅欧总支部的负责人之一。从此，王若飞把自己的一生投入到共产主义事业之中，成为一名坚定的共产主义战士。

旅欧中国共产主义青年团建立以后，赵世炎、周恩来、王若飞、邓小平、李富春等在华工和勤工俭学学生中进行了大量的革命活动：领导旅欧华人开展反帝、反封建斗争；消除无政府主义的反动思潮的影响和参加反对国家主义派的大论战；建立国共两党的旅欧统一战线等等。通过活动和开展斗争，宣传了中国共产党的政策和主张，捍卫了马克思主义，使团组织在斗争中不断发展壮大。

由于革命形势发展的需要，旅欧党团组织从 1923 年起，有计划地分批选送骨干成员，从巴黎经德国柏林去莫斯科东方劳动大学学习。1923 年 3 月 18 日，根据中共旅欧总支部的推荐，王若飞等 12 人，作为第一批赴苏人员被中共中央指定到莫斯科东方劳动者共产主义大学与列宁学院学习，这是上个世纪 20 年代初，俄共（布）创办的一所专门培养革命干部的政治大学。与王若飞同时在东方大学学习的还有赵世炎、陈延年、陈乔年、瞿秋白、罗亦农、刘少奇、任弼时、萧劲光等。

对于能去自己一心向往的革命发源地学习和参观，王若飞十分激动，他后来回忆说："满足了我多年以来的渴望。"正因为如此，他在东方大学的学习十分认真，据与他同班的萧三回忆说："若飞同志听课时十分认真，笔记也记得很认真、很快，老师讲的话，他基本都能记下来。若飞同志刻苦攻读马列主义经典著作，悉心研究中国革命问题，他钻研得深，力求融会贯通，我们同学一年半的时间，他那对共产主义事业坚定不移，对国家民族忠心不二以及分析事理之细，记忆之清，对人热情诚恳等优秀品质使我终生难忘。"

王若飞在东方大学学习了整整两年时间，这使他的革命理论修养有了很大的提高，他深入研究马克思主义和中国革命问题，从此成为职业革命者。正式转为中共党员之后出任东方大学中共旅莫支部委员，参加了1925年4月在莫斯科召开的共产国际执委第五次扩大会议。

 # 红色情侣

★★★★★

（28-35岁）

革命老区平北抗日根据地——河北省赤城县的娘娘山下，有一个古老的龙关镇。1904年，正值八国联军侵占中国的悲惨年月，9月7日，在赤城县龙关镇的一个"恩贡"家庭，出生了一个女孩，她就是后来被称为"海陀女杰"的革命先驱者王若飞的夫人李培之。

培之原名叫李沛滋，在家中排行老三，自幼聪颖过人，小学毕业时在班里成绩就名列前茅。比她年长16岁的大哥李沛霖是清末秀才，也是一位具有爱国主义民主进步思想的乡村教育家。人品高尚，学识超群，教学有方，对三妹的帮助极大。在李培之少年时期，经常听哥哥给她讲述中国的形势。五四运动爆发后，李培之又经常听大哥讲述国家兴亡，匹夫有责的道理，从而激发了她爱国主义的思想。大哥为支持三妹读书救国，还变卖了田园和家产，使李培之能够从小立志学好科学知识报效祖国。1920年夏天，不满16岁的李培之告别了家乡和亲人，以优异的成绩考入保定第二女子师范学校。

当时，马克思列宁主义在中国影响已经不断扩大和深入。保定也和全国其他大、小城市一样，革命思想首先在广大青年学生当中广为传播。年轻的李培之抱着寻求真理的愿望来到保定。在保定女二师这一革命摇篮之中，李培之很快就接受了马列主义进步思想，逐渐成为一名积极的战士，并很快成为女二师学生运动的组织者与领导者之一。1922年11月，保定育德中学建立了党的组织，李培之在学校党组织的教育下，进步很快。1924年初，李培之也光荣地加入了中国共产党，成为一名优秀的共产党员。

保定的学潮轰轰烈烈地开展。在革命运动中，李培之得到了锻炼，增长了才干，表现出一个年轻革命者的大无畏精神和英勇顽强的斗争精神。

1925年5月30日，上海学生、工人及其他代表两千余人，在英租界南京路老闸巡捕房门首，散发传单，进行讲演，揭露帝国主义罪行，遭到租界巡捕逮捕和血腥镇压，制造了震惊中外的五卅惨案。这一事件不仅使刚刚20岁的李培之看清了帝国主义丑陋

▷ 青年李培之

的嘴脸，也更坚定了她投身革命誓死捍卫祖国解放的决心。7月份，正值师范毕业之际，在白色恐怖中，上级党组织决定调她到河南郑州开展工人运动。先是在河南郑州豫丰纱厂做女工工作，并负责编辑《工人周报》。当时，中共北京区委（负责包括河北、河南、陕西、山西等省的工作）派留苏刚刚回国的王若飞同志为巡视员，秘密来郑州检查工作。王若飞在河南开展工人运动中，深感缺乏领导女工的干部，特请示北方区委派位女干部，领导选派李培之到河南协助王若飞工作。王若飞仔细看了李培之编写的《工人周报》，发现李培之思想敏捷，办事果断，并有实际工作经验，对她的工作给予了热情鼓励和指导。在此后的接触中，李培之感到这位既是领导，又是老师和同志的王若飞平易近人，他没有某些从国外留学归来的"洋学生"那种凌人的盛气。革命家的风度，深刻的思想，渊博的知识，健壮的身体，炯炯的目光和豪爽坦诚的性格，给刚刚走出校门、对革命满怀憧憬的李培之留下了很深的印象。渐渐地，李培之对他产生了好感，在斗争实践中，双方由工作关系升华为爱情关系，爱的火焰与革命的火焰在两位年轻的革命同志心里熊熊燃烧，李培之和这位29岁的大区领导、老师相爱了。

1925年秋，李培之同志被派到卫辉工作。不久，上级党组织安排她去苏联留学。经过几个月的相识、相知到相爱，他们之间有了深厚的感情。于是李培之在留学之前，从卫辉回到郑州先与王若飞结了婚，他们成为战火纷飞中的革命情侣。

结婚这天，他们没有鲜花的映衬，没有优美乐曲的伴奏，更没有浩浩荡荡迎亲的花轿和队伍，在两位新人的身边，只有出生入死在一起战斗的战友和他们热烈的掌声。婚礼虽然简单，虽然淳朴，但他们很幸福。新婚燕尔，本是新婚夫妇沉浸在甜蜜而幸福的时刻，但这对革命伴侣却仍夜以继日地为革命工作着。星星为他们点灯，秋风为他们歌唱，滚滚的黄河水为他们新的生活带来了无穷的力量。婚后甜蜜的生活对他们来说是那样的短暂，蜜月只过了12天，这对年轻的革命伴侣就离别了，李培之匆匆踏上了远赴苏联留学的旅程。他们没有流泪，不是他们无情；他们没有缠绵的眷恋，不是他们的感情不深。相反，革命中的爱情情更深，意更浓，只是为了中国的革命事业，不得不抛弃儿女私情。他们的

▷ 王若飞与夫人李培之

情、他们的泪只能化作一腔革命的热血沸腾。

　　李培之一走就是三年，三年对于人的一生虽然不算漫长，但是在战火纷飞的年月，他们觉得是那样的漫长！她担心着他，他牵挂着她，他们就像银河两岸的牛郎和织女星，遥遥想望，相逢无期。李培之到苏联后，在苏区留学的生活是艰苦的，而王若飞于1926年冬任中共中央秘书长，先后参加领导了上海工人三次武装起义。党的八七会议后，又任中共江苏省委常委。他们天各一方，为革命事业分别忙碌着。

　　1928年6月，党的"六大"在苏联莫斯科召开。也迎来了李培之和王若飞夫妇分别三年的团聚。期间，周恩来夫妇于5月中旬抵达莫斯科，他们赶到之后，就立即着手"六大"的准备工作。首先从莫斯科中山大学抽调李培之等同学担任大会翻译。6月初王若飞作为"六大"代表也来到了这里，这对惜别三年的夫妻终于相聚在异国他乡之都。

二十多天的会议结束后，王若飞任中共驻共产国际代表，留在了莫斯科工作。这时，李培之也从莫斯科中山大学毕业，她又和爱人一起进了列宁学院俄文班学习。王若飞勤奋好学，善于思考，他经常与李培之一起对中国革命形势以及运动中所发生的问题，共同进行研究和探讨。

1929年，在列宁学院的"清党"运动中，由于王若飞与当时中共驻共产国际代表团副团长张国焘在许多问题上意见不一致，于是张国焘借清党之机残酷打击王若飞，向列宁学院党支部建议开除王若飞党籍，并在给李培之作结论时说："其夫是陈独秀机会主义者，她划不清界线，建议给予警告处分。"革命家的坦荡胸怀忍受了张国焘的政治诬陷。列宁学院支部在讨论这一问题时，参加过十月革命的老布尔什维克、院长基里桑诺娃指出："他（指王若飞）在我校学习期间表现很好。根据我们了解，是个好同志。"这样，王若飞没有被开除党籍，但仍受到了严重警告处分。李培之对王若飞所受的委屈想不通。王若飞就开导她说："共产党人应当是最坚强的人，这点事算不了什么，真相一定会弄清楚的。"在王若飞的教育影响下，李培之与王若飞一起以真正革命者的襟怀，泰然自若地经受了这场考验。就这样，直到1931年7月他们夫妻二人结束了列宁学院的学习生活才一同回国，8月因工作需要，党组织再次将王若飞派到绥远地区开辟工作，而李培之则被分配南下进入洪湖地区革命根据地开展工作。

王若飞到绥远地区工作后，10月初在包头被国民党政府逮捕。而此时的李培之在洪湖地区正开展着轰轰烈烈的革命工作，对丈夫的被捕却一无所知。直到1932年11月，李培之离开洪湖来到了上海，她才从别的同志那里得知王若飞回国后不久已于1931年秋天在包头被捕的消息。她焦急万分，但没有丝毫的消沉，而是以更加积极的工作和实际行动履行着一个共产党员、一个革命者的神圣职责，她痛下决心要与敌人坚决斗争到底。

1933年，李培之在上海也遭到了逮捕，这对革命夫妇此时天各一方，身困牢笼。虽然他们失去了人身自由，但这束缚不住他们的思想和言行。虽然困住了他们的肉体，却困不住他们的精神和信仰，他们顽强地与敌人做着坚决的斗争。

李培之被捕后不久获释出狱，但与组织上失去了联系。这期间，她只好靠教书和翻译一些稿件来维持生活，心情十分沉重。

一天，她意外地接到王若飞从狱中托人捎来的一封不平常的书信，是王若飞在狱中将西服衬肩上一块白绸子撕下来写成的"诀别"信。信中说："忘掉我，不要为我的牺牲而伤痛。"李培之读到这句话时，不禁心中一阵酸楚，她抑制着自己的感情读下去："集中精力，进行战斗，继续努力完成党的事业。要坚持真理，经得起各种各样的考验。""别了，我们在红旗下聚齐，又在红旗下分手……让我们用双手，来迎接我们的胜利吧！"这真挚动人的文字，既反映了王若飞对革命必胜的坚定信念，也表达了他对夫人李培之坚贞深厚的爱情。陈毅后来写诗赞道：

> 有志愿傍青冢宿，
> 英雄肝胆亦柔情。

不知是过分的悲伤还是由于坚定的信仰，李培之既没有流泪，也没有恸哭，王若飞崇高的革命气节，坚贞的情操鼓舞着她、激励着她。既然王若飞已经做好了为革命献身的准备，自己也应该准备迎接更严峻的考验！此后，李培之又接连收到王若飞从狱中寄出的18封信，信的字里行间迸发出革命乐观主义精神，以及一个共产党员的宽广博大胸怀。饱含深情的鼓励和安慰给了李培之极大的慰藉、教育和鼓舞。她把对王若飞的思念之情化作了勇气、力量和希望。

1937年初，王若飞在党组织的营救下获释于太原监狱，李培之立即从上海飞抵太原与王若飞会面。1937年夏，李培之随王若飞北上到了延安，王若飞任中共中央秘书长，李培之在陕北公学院任教，分别开展着不同的革命工作。

# 领导革命

★★★★★

（28—35 岁）

如果把王若飞革命生涯划分为几个阶段的话，从 1916 年到 1924 年底，王若飞还处在学习革命理论，树立共产主义观念，参加革命斗争阶段。那么，从 1925 年春王若飞从苏联回国到上海以后，就成为革命的领导者和职业革命家了，这是王若飞革命生涯的第二阶段。

回国后，王若飞立即投入到火热的工农群众运动中，在动员群众、组织群众参加革命斗争的工作中作出了重大的贡献，是群众斗争的杰出组织者和领导者。

5 月 1 日，王若飞参加了在广东召开的第二次全国劳动大会。之后回到上海，正值五卅运动前夕，上海工人掀起反对帝国主义的罢工斗争，王若飞在《向导》上发表文章，热情歌颂工人阶级的先锋作用，号召全中国的工人和农民一致起来支持上海工人反对帝国主义的罢工斗争。

不久，王若飞被李大钊派往河南开封做争取国民二军的工作，到河南督办军官学校，培养革命武装人员。

同年夏，王若飞又以中共中央特派员的身份指导河南地区党的工作，就任新组建的中共豫陕区执行委员会书记。任职期间，他经常做演讲、写文章，动员群众起来革命，并且亲自到京汉铁路和陇海铁路工人中间进行宣传和组织工作。他审时度势，抓住工人运动高涨的有利时机，于1925年9月18日，在郑州成立了河南省总工会。在河南期间，他还积极组织农民反对封建军阀的斗争。

1926年2月王若飞调上海，任中共中央秘书部第一任主任（即秘书长），是中国共产党的第一任秘书长，参与处理中央日常工作，并参与领导了上海工人三次武装起义的组织工作。

1927年3月，周恩来等组织领导上海工人第三次武装起义，王若飞负责指挥的南汇区工人起义，首先取得了胜利。

5月，王若飞参加在武汉召开的中国共产党第五次全国代表大会，负责大会的总务工作，并当选为中共中央委员。蒋介石叛变革命以后，白色恐怖笼罩上海，我党许多优秀党员遭到杀害。这时，王若飞被派遣到上海，任命为中共江苏省委常委、组织部长、省农委书记，后任江苏省委代理书记，在上海坚持地下斗争。

党的八七会议以后，为准备发动武装暴动，他主持办起了江北农民训练班，10月领导了无锡秋收暴动，打出了无锡苏维埃政

府的旗帜。由于敌我力量悬殊，起义失败。

一天，王若飞到了如皋，让向导带他去接头，走到店铺路边随手买了张报纸，一看头版消息就知道，他要找的当地的党组织被破获了，可是当时他已经走到弄堂里头了，再走几步就到接头地点了，不能回头了，要是扭头就走，被人看见，马上就暴露了，逮着就是腰斩。刚好那儿有个厕所，他就进去绕了一圈，出来以后，大摇大摆地走了。

王若飞同志从事多年的地下工作，胆大细心，勇敢机智。他善于在革命实践中探索和积累革命经验，并逐步认识到，过去的斗争方式已不适用，只有摸索新的斗争方法，才能使革命向前发展。

　　1928 年 6 月，王若飞赴莫斯科参加中国共产党第六次全国代表大会。7 月以后，担任中共驻共产国际代表，参加中共驻共产国际代表团的工作，后任中共驻共产国际代表团成员、中国农民协会驻农民国际代表，并参加了苏联共产党。后被批准到列宁学院学习，系统研读马克思列宁主义。

 仗义执言

★★★★★
（32 岁）

　　能不能敢于讲真话、讲实话，是衡量一个共产党员是否具有革命勇气和敢于坚持真理品格的试金石。王若飞为人豁达，但是在原则问题上却从不含糊。当年张国焘在离开中共之前，临走时最后的一顿酒，就是和王若飞喝的。两人在莫斯科曾是一个班上的同学，当年王若飞就曾对张国焘说过，你迟早要成为一个反革命。即便如此，张国焘后来在自己的回忆录中，讲了很多人的坏话，却唯独说了王若飞的好话。

在中共党内，有人曾把王若飞看作是陈独秀的死党。因为陈独秀担任中共第一任总书记时，王若飞曾任秘书长。陈独秀非常喜欢和信任他，甚至视其如自己的儿子。

在莫斯科召开的中共"六大"上，针对陈独秀为大革命的失败应负怎样的责任进行了激烈的辩论。王若飞在大会上作了长篇发言，他对自己担任中共中央秘书长期间的工作进行了自我批评，承认自己犯过右的和"左"的错误。王若飞严厉批判盲动主义给党造成的严重损失，因为在强行发动的农民起义和暴动中，牺牲了大量党内优秀分子，其中包括被敌人斩首的赵世炎。但他在批评陈独秀错误的同时，又实事求是地分析了当时党内存在右倾机会主义的复杂原因，认为陈独秀作为党的总书记，对大革命的失败理应负主要责任，然而错误不应由他一人承担，而应由共产国际和中共中央领导机关共同负责。他还从维护党的团结和治病救人的目的出发，提名陈独秀为新一届中央委员的候选人。这番话在会上引发了强烈的"地震"，从他个人来说，无疑是很勇敢的，也是冒着很大的政治风险的。王若飞的发言并没有得到与会大多数代表的理解和同意，相反还遭到了攻击，不少人认为他是在"祖护陈独秀"，有人说陈独秀是没有群众的，他的群众就是王若飞在江苏时的那些班底。会后任中共驻共产国际代表团正、副团长的瞿秋白、张国焘都有这种看法。因此他们建议开除王若飞的党籍。张国焘甚至借机污蔑王若飞参加了陈独秀当时在国内进行的"托派"活动。王若飞不服这种处理，提出了上诉。结果，给他的是严重警告处分，还被下放到莫斯科的一个工厂劳动。

中共"六大"闭幕后，王若飞留在莫斯科，参加共产国际第六次代表大会，并任中共驻共产国际代表团成员。为了提高自己的理论水平，他决定进入联共高级党校——列宁学院俄文班学习、进修。在参加入学考试时，已就读的潘家辰到场，说要反映问题，于是发生了下面一段精彩对话。

潘家辰："他没有资格进这个学校，他和陈独秀的关系密切。"

王若飞："我不否认我犯过错误。革命失败了，陈独秀要负主要责任，但我也不是没有责任。我不能像那些事后诸葛亮一样，把责任推给别人，好像自己一贯正确。请问你们在革命的紧要关头提出过什么建议？不过也是跟着走罢了。我不但犯过右的错误，而且还犯过"左"的错误，我并不打算隐瞒这些。"

苏方主考："好一位勇敢坚定的同志！"

潘家辰："他当过陈独秀的秘书。"

王若飞："我担任过中国共产党中央委员会的秘书长，不是陈独秀个人的秘书。"

苏方主考："这是另外一回事，你还有什么话要说？"

王若飞："革命遭受如此重大的挫折，我的心情是非常沉痛的。但我相信我们党会接受经验教训，今后一定能把中国革命引向胜利。"

苏方主考："你被录取了。"

在 1942 年起草中国共产党历史问题决议时，毛泽东曾特别对王若飞讲，看来若飞的意见是对的，当时不但不应开除陈独秀的党籍，还应当让他担任中央委员。后来在 1945 年的"七大"期间，毛泽东再次郑重地说，王若飞在"六大"时对陈独秀的错误采取的态度是正确的。

"为陈独秀辩解"一事，充分体现了王若飞不计个人得失、实事求是的优秀共产党人品质。

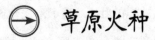 草原火种

★★★★★

（35 岁）

王若飞结束了在列宁学院的学习，接受党的委派于 1931 年 7 月底，由苏联经蒙古国首都乌兰巴托从我国内蒙古地区的阿拉善旗入境，

1931 年 8 月到达绥远省包头。

当时的包头属晋系阎锡山的控制范围，傅作义为绥远省主席。当时正值九·一八事变前夕，日本帝国主义声称要"根本解决满蒙问题"，并着手调兵遣将，蠢蠢欲动。而在大革命失败后，我西北地区党组织遭到很大破坏，为了适应即将到来的严重局面，王若飞奉命以中共西北特委书记的身份指导西北地区的革命斗争，在内蒙古地区开展工作。

8 月的草原，一派盎然，鲜花在绿茵茵的草地上竞相开放，绚丽多姿，芬芳四溢，远处的大青山蜿蜒起伏，头顶的天空白云悠悠。在灼热的骄阳下，王若飞化名"黄敬斋"，头戴礼帽，身着绸褂，装扮成商人模样，在地下党和一位"交通员"的带领下，秘密地进入了内蒙古地区。沿途的风光是美丽的，但祖国的大好河山，却被残暴的敌人蹂躏得满目疮痍、惨不忍睹。驼背上不是投机商人，就是国民党士兵，有时还会碰上潜入到草原来的日本鬼子。一座座新修的碉堡，一队队被抓的壮丁，哨卡，铁丝网，起火的蒙古包，被杀的老额吉……看到这些哀鸿遍野、民不聊生的悲惨景象，王若飞的胸中，刹那间升腾出一股激愤的怒火，他顾不得长途跋涉的辛劳，冒着敌人四处盘查的凶险，走村串户，访贫问苦，进行深入细致的调查研究。

从牧民、农民和当地地下党的口中得知，自 1927 年大革命失败以后，内蒙古地区的革命力量受到了严重摧残，反动势力又日趋嚣张起来。土豪劣绅趁 1928 年大旱之后，廉价收买农民的土地和

耕畜，使无数农民家破人亡、妻离子散，阶级矛盾更趋尖锐。国民党强制推行大汉族主义和民族压迫政策，在蒙旗中划地设县，形成蒙汉旗县并存、分治对立的局面。大量的牧场放垦，严重地损害了蒙族同胞的牧业，因此，民族矛盾也日渐尖锐。在国民党的反动统治下，蒙汉人民都处在水深火热之中。面对内蒙古严峻的形势，王若飞深感自己责任的重大。

1931年9月，王若飞在归绥（即今呼和浩特市）布置完工作以后，很快来到了包头。在包头，为了工作方便，王若飞先是在包头老道巷连明同志家住了几天，以后便住进复成元街商贾云集的泰安客栈。这天晚上，在这个地区坚持工作的云泽（乌兰夫），躲开特务的耳目，也化装成商人打扮，来到旅馆找王若飞汇报工作。王若飞和乌兰夫是在莫斯科中山大学学习时相识的。如今，久别的同学在这里重逢，彼此有说不出的兴奋和激动。他们紧紧地握着双手，亲切地拥抱在一起。

"党派你来，太好了。若飞，我们盼了你好久了！"乌兰夫说。望着乌兰夫清瘦的面容，王若飞激动地说："云泽，你在这里坚持斗争，真是辛苦了！"

寒暄之后，乌兰夫汇报完这个地区目前的各项工作，便迫不及待地听取党中央和王若飞的指示。王若飞扼要地分析了国内外的形势及南方工农红军的革命战争进程。接着，传达了党对这个地区建立红色根据地的工作要求。王若飞说，内蒙古地区是国民党反动派实行大汉族主义和日本帝国主义进行民族侵略的必争之地，因此，在这个地区建立革命根据地，对于发展壮大革命力量，有着十分特殊重要的意义。今后，我们的工作重点：一是开展群众性的武装斗争；二是做好民族工作；三是宣传党的民族平等政策，反对大汉族主义，实行民族团结互助；四是在地方的民族部队中，开展党的工作。最后，王若飞着重指出，实行土地革命，是完成我们今后任务的重要保证。我们要大力开展群众运动，组织和发动蒙汉各族人民，为保卫他们的切身利益，积极地参加各种斗争。民族工作、群众运动、武装斗争，是王若飞传达党的指示的中心任务，也是他来内蒙古工作的重点。

确定泰安客栈为停居点后，王若飞即到东郊转龙藏观察地形，并打探本地骡马价格。在西前街绥西宾馆以请客为名开会布置发动群众事宜，起草了重要文件。

10月中旬，王若飞去五原实地调查后返回客栈。他提出开展内蒙古西部地区四十八旗的工作计划，并在那里建立了工作据点。一些蒙族同志，在绥远的老一团（内蒙古蒙族地方部队）进行着党的秘密工作，并对内蒙杂牌军和土匪王英部队做争取工作，为起义做了准备。王若飞对乌兰夫强调说："这是一个很重要的力量，只要你们始终重视武装斗争，抓紧不放，坚持下去，积蓄力量，将来定会出现一个新的局面。"

为了和陕北红军取得军事上的联系，王若飞派事先住在泰安客栈的吉合去陕北同红二十六军联络。被派去的吉合很快带回了陕北红军发展壮大的消息，大大鼓舞了内蒙古各族人民的斗志。

根据布点工作计划，王若飞派党的同志到铁路沿线和大青山下组织群众进行抗捐抗税的斗争，他克服了人地生疏、语言不通等种种困难，先后亲自到归绥、包头、五原等地调查了当地党组织、农民协会的斗争情况，安排布置工作，使内蒙古地区党的组织和交通联络站得以恢复和健全。不久，在包头附近，就爆发了轰轰烈烈的"抗锅厘运动"。愤怒的群众打走收"锅厘税"的差役，高呼着口号："谁要收锅税，就砸碎谁的脑袋！"经过这次激烈的群众斗争，"锅厘税"被迫停收了。

王若飞坚持武装斗争的革命精神，给内蒙古各族人民留下了深远的影响。从那时起，王若飞经常变换服装，机智地摆脱特务的跟踪，巧妙地躲过敌人的盘查，深入到农牧民当中，唤起群众的觉悟，鼓舞大家的斗志。很快，附近的村村落落，在大革命时代盛极一时的"农民协会"，又悄悄地活跃了起来。王若飞给黑暗中的内蒙古人民带来了希望，带来了光明，星星之火，在无垠的大草原迅速燃起了熊熊烈焰。

# 千锤百炼

(1931—1936)

# → 包头被捕

★★★★★

（35 岁）

　　包头市东河区复成元巷南头，繁华的店铺和居民住宅楼之间，有一处古旧的青砖院落，大门坐东朝西，门楼全为砖砌，门洞成拱形，这就是包头历史上有名的客店——泰安客栈。1931 年 9 月，时任西北特别委员会书记的王若飞来到内蒙古，化名黄敬斋，以皮毛商人的身份开展工作，后来住进包头泰安客栈 3 号房间。

　　1931 年 11 月 21 日晚，王若飞与乌兰夫在泰安客栈见面，乌兰夫将一份《告全旗蒙民书》和一份《陈云章工作的情形》交给王若飞保存，准备次日送他去宁夏。

　　午夜时分，包头经过一天的喧嚣，已经沉入一片寂静。王若飞还在紧张地工作。突然，狗吠声自远而近，划破了平静的夜空。接着，泰安客栈周围的狗也狂吠起来。王若飞听见狗叫声，马上机警地站了起来，走出门去，观察动静。客栈的老板和伙计们刚刚入睡，这时也都披着衣服，拥出门来，惶惶不安地彼此张望。

忽然，一阵杂沓的脚步声，朝旅馆门口奔来。王若飞意识到：敌人要逮捕自己了。他急忙回到房内，收拾起秘密文件，划了根火柴，烧了起来。

敌人借口查店，直奔王若飞的住室进行全面搜查。

"黄敬斋，不许动。"一个凶神恶煞的便衣特务，踢开门闯了进来。

王若飞看到特务搜捕难以逃脱，便急中生智，趁着弯腰的瞬间，不动声色地将乌兰夫写的两份报告《陈云章工作的情形》、《告全旗蒙民书》和一些同志的名单塞进嘴里，为了不让敌人看出字迹，他使劲地咀嚼着。

特务们看到这种情景，猛然扑过来，卡住王若飞的脖子。王若飞被卡得脖子发痛，两眼直冒金星。为了保卫党的组织和同志们的安全，死也不能让敌人夺走名单。他奋力挣扎，摆脱后面的特务，朝对面的家伙一拳打去。王若飞使劲嚼着纸单，想把它咽到肚里。可是，因为纸单是道林纸，质地柔韧，很难一下嚼烂，他只好完全咽下去。几个敌人又扑上来，和他扭作一团，王若飞的脖子已经被卡破，嘴巴流了血。这群恶棍把王若飞绑起来带走了。

王若飞在内蒙古工作时间虽然不长，但他所做的工作对推动内蒙古革命发展打下了重要基础。

王若飞在包头被捕，开始了长达五年零七个月的监狱生涯。

##  宁死不屈

★★★★★

（35 岁）

包头警察局对于抓到王若飞这样的共产党大干部抱有很大幻想，妄图通过他的口供，把内蒙古的共产党员一网打尽。

王若飞被捕的第二天，敌人便迫不及待地对他进行审问。他们得意扬扬地拿出从王若飞嘴里掏出来的文件，希望能够得到一些有价值的情报。王若飞对此不屑一顾，他大义凛然地公开承认自己是一名共产党员，奉中华苏维埃政府的命令，来绥远调查蒙古人民有没有受日本帝国主义的煽动和迷惑，并组织人民进行反对日本帝国主义的斗争。敌人将文件中的名字一个个地提出来，问他们的住址和联系方法，王若飞轻蔑地回答道："你们只能抓住我一个人，至于想知道我们同志的真实姓名和住址那是妄想！"此后，他对敌人的审问一律拒绝回答。对于王若飞的强硬态度，敌人感到束手无策，只得用死来威胁。

一天夜里，敌人闯进关押王若飞的暗室，用枪口对着他，杀气腾腾地说："只要你说一个'招'字，马上就开庭；说一个'不'字，马上送你回老家！"王若飞毅然答道："'招'字早从我的字典中抠掉了！"于是，几个全副武装的警察，把王若飞押到包头北面的一片野地里，用八条枪对准了他。王若飞早已准备好为党和人民的事业献出自己的生命。此时，他显得非常从容。

突然，敌人讲话了："这是最后的机会了，人生在世，就这样完了？还是考虑一下吧。"王若飞断然回答："用不着考虑了，开枪吧！"十几分钟过去了，敌人仍然没有开枪。王若飞明白了，敌人是在玩弄假枪毙的伎俩。他立即义正词严地说："你们想用死来吓唬我，让我出卖自己的同志，这套把戏对真正的共产党人来说，是没有用处的！"带队的敌人见阴谋被识破了，只好垂头丧气地把王若飞又押了回去。

经过几个回合的较量，敌人感到从王若飞嘴里得不到他们需要的东西，而长期把他关押在包头，很可能会发生问题。于是，他们决定把王若飞押送归绥，交绥远省政府处理。12月上旬，王若飞被解送到绥远省政府所在地归绥，关押在第一模范监狱里。

绥远高等法院对王若飞的案件十分重视，不久就开庭审讯。

审讯那天，法庭上戒备森严，伪高等法院院长和法官端坐台上。审讯开始，法官问："你参加共产党后，有什么犯罪活动事实？"王若飞反问道："我问你，什么叫犯罪？"法官说："犯罪就是你触犯了危害民国紧急治罪法！"王若飞抓住这个问题进行了有力的回击："什么民国，你们是骑在人民头上作威作福的一群强盗！所谓'紧急治罪法'，无非是保护大地主、大资产阶级的法律！试问，你们在制定这种法律的时候，有哪一个工人、哪一个农民、哪一个其他劳动者参加过？你们执行这种法律，只能说明你们是帝国主义、买办阶级、封建势力的忠实奴仆！"王若飞的质问，弄得敌法官半天说不出话来，最后只得强词夺理地说："我不管你这些歪理，反正你有罪。"王若飞说："我有什么罪？我犯的是反对你们祸国殃民的'罪'，是反对你们投敌卖国的'罪'，是反对你们专制独裁、剥削人民、压迫人民的'罪'。如果你们是英雄好汉，可以到大庭广众之中，让群众评一评理，是共产党犯罪，还是你们犯了十恶不赦的滔天大罪！"敌法官不敢正面回答，只好说："这里不是和你开辩论会，这是在审问，不是让你讲空话、唱高调。"王若飞接着说："我们共产党人，从来都是尊重事实的，我讲的话句句有凭有据，是全国民众所周知的事实，回避事实、不尊重事实的正是你们。"在王若飞的质问面前，敌法官不知所措，只好宣布退庭。

此后，在很长的一段时间里，敌人没敢再开庭。

八个月后，敌法庭对王若飞进行了第二次审讯。王若飞早就做好了准备。他决定以敌人的法庭为讲坛，大力宣传马克思主义和我党的方针、政策和主张。

审讯一开始，王若飞便抓住时机，滔滔不绝地发表了演讲。他指出："共产党是历史发展的必然产物，它肩负着创造历史的光荣使命。它有千万人作后盾，一个人倒下，无数人奋起，后继者定会一天天增加，直到最后推翻旧世界，建立新社会。"敌法官几次想打断他的话，都未能奏效，最后不得不强行制止，十分狼狈地结束了这次审讯。

此后，敌法庭又拖了一年多时间没有开庭。

△ 王若飞在包头工作时的房间物品

王若飞从被捕的时候起，就做好了为革命事业牺牲的准备。他说："一个共产党人被捕后，只有抱着必死的决心，才能和敌人进行坚决的斗争。"他把被捕看做是对共产党员的最后考验。他认为："共产党员为党的利益牺牲一切，以至生命，就是最高贵的品质。"

1934年4月23日，绥远高等法院以"危害民国"罪名判处王若飞有期徒刑15年。1936年夏，他被解送到山西太原陆军监狱。宣判之后，王若飞用红线在自己的帽子上绣了个"出"字，他对难友说："敌人判我15年徒刑，老实说，我肯定坐不了15年，因为中国革命用不了15年定会成功。"

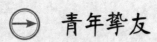 **青年挚友**

★★★★★

（35岁）

王若飞被关到绥远第一模范监狱后，敌

人经常安排一些人监视他，可是让敌人感到无奈的是：这些人不但完不成监视任务，反而被王若飞的革命理论吸引了。最后，敌人决定把一个连汉话也讲不好的蒙古族青年安排到监狱里，他们想：任你王若飞有天大的本领，也别想赤化他！

这个蒙古族青年名叫三毛，他家里虽然有一块不大的草场，却没有牲畜，他就靠给人放牧赚钱养家。那时，绥远一带土匪很多，牧场上经常发生土匪抢马的事儿。一些汉族地主借机打起了三毛家草场的主意，说三毛"私通盗匪，抢走牧主马匹"。县里的官员们吃了贿赂，不分青红皂白就把三毛抓起来，加了一个通匪的罪名，判处他五年徒刑。

三毛入狱后有苦无处诉，有冤无处伸，性格变得沉闷而又粗暴，常常一个人坐在那里闷声不响。人们都说他愣头愣脑，没有一个人真正了解他心里的恨。

敌人正是要利用三毛对汉人的刻骨仇恨，才把他安排到了王若飞的囚室。然而，三毛一进囚室，就被王若飞的热情给打动了。王若飞看到囚室里来了一位蒙古族难友，心里分外高兴，连忙接住三毛手中的铺盖，并且热情地说："好兄弟，他们让你来了！"三毛惊奇地望着这位和蔼的汉人，一股热流涌进了心坎。他受过汉族地主的迫害，对那些"有身份"的汉人怀着说不出的憎恨，可是眼前的这个人好像与那些汉人不一样。

王若飞看出了三毛的心思，幽默地说："怎么不说话？难道是怕我？我可是要吃人的，我要吃掉那些吃人的人，就是那些王爷、地主、官僚……"

三毛来了神儿："你也恨他们？你能推翻他们？"

王若飞肯定地说："只要我们蒙汉人民团结起来，一定能推翻他们！"

从此，三毛开始信任王若飞，他把自己弄不清的问题一一提了出来，王若飞耐心地给他分析、讲解。三毛听得非常入神，迫切要求学习更多的东西，可是从小没有念过书的他不识字，学习受到了很大的限制。于是王若飞决定：教三毛念书识字！

他们克服种种困难，用地当纸，用手当笔，不停地练习写字，不到两个月三毛就学会了一百多个生字。这一来，两个人的劲头更足了。在11个月里，三毛学完了厚厚的一本书。在学习过程中，三毛的阶级觉悟大大提高，向王若飞提出了入党的请求。在监狱这种特殊的情况下，不可能履行其他的程序，王若飞审查了三毛的履历，又分别征求了狱中几个党员的意见，就代表党组织，接收三毛加入了中国共产党。

# 锻炼意志

★★★★★

（35-40岁）

一个深秋，由于气候变化，很容易传染疾病。监狱小铁窗上的窗纸早就烂光了，入夜后冷风从窗口吹进来，难友们只能用破衣服裹着身体，半夜里还常常被冻醒。在这个寒气袭人的季节里，绥远城里开始流行瘟疫，已经死了一些人。监狱一向被认为是卫生条件最差的地方，瘟疫万一蔓延开来，后果不堪设想。因此，亲友接见被停止了，连往监狱里送东西也受到了限制。

为了防止疫病，王若飞设法买了很多大葱大蒜，分给难友们吃。可是因为难友们身体虚弱，抵抗力很差，瘟疫还是传进了监狱，幸好大家事先吃了大葱大蒜，死的人并不多。

瘟疫还没有过去，天气更冷了。

一天，王若飞吃了些莜面，不好消化，晚上又着了凉，患上了重感冒。他浑身发烧，满脸通红，不一会儿就神志不清了。难友们拼命喊他的名字，他努力睁开眼睛，断断续续地说："如果我染上了瘟疫，赶快隔离，不要传染给你们。"三毛哭着说："我决不离开你，要死就死在一起！"王若飞再一次从昏迷中苏醒过来，他用力睁开眼睛，挣扎着告诉三毛："你要赶快武装自己，你是少数民族同志，少数民族受压迫更重，我要拿出所有的力量帮你！"说着，他又无力地闭上了眼睛，嘴里还喃喃地说："战胜瘟疫、战胜瘟疫……"

王若飞昏迷了两天，粒米未进，难友们都很担心。放风的时候，他们都聚在王若飞的囚室外面探问。一个在监狱里做苦工的难友擦着眼泪，把两角钱塞进了铁窗，告诉三毛：这是他一个月的工资，给先生买点儿葱姜，发发汗。

为了给王若飞治病，三毛多次与狱方交涉，最后，狱方终于给派进来一名中医。吃了两天中药后，王若飞的病情渐渐好转，二十多天后，他才彻底康复。

事后，难友们打趣儿说："你算是把瘟疫战胜了！"王若飞听后，严肃地说："疾病的瘟疫战胜了，人间的瘟疫还在猖獗，为了人们的幸福生活，我们要把它们全部消灭。"

王若飞虽然被判了十五年徒刑，他的心胸依然是阔达的。他的舅舅黄齐生每次去探监时，都看见王若飞的双脚带了两副脚镣。在整整五年的时间内，他始终戴着脚镣，因此出狱后走起路来，两条腿成了弧形。但王若飞却始终带着笑容，总是充满自信地说：

"由他去判十年二十年，但中国的情形是要变化的，三年五年我就会出来！"

潮湿阴暗的牢房，空气中弥漫着一股霉味儿。王若飞碰碰身边一个老年难友，说："喂，别老躺着，咱们起来活动活动吧。"那位难友摇摇头，拒绝了。

"一二三四……"王若飞站起来，活动一下身子，又开始做他自编的体操了。

难友好奇地望着王若飞，觉得王若飞是个怪人：一个共产党的大头头关在国民党的监狱里，哪有出牢的日子呢！可是，他却天天坚持体育锻炼：伸腿、弯腰、曲臂、跑步、跳跃，每次非要练到浑身大汗才肯罢休。难友叹息着说："这该死的牢狱，待一天比一年还长，我真想早点死算了。你锻炼身体干啥呢？难道想活长一点儿，多坐几年牢吗？"

王若飞见难友问得有趣，呵呵笑了，说："我们共产党人多活一天，国民党就害怕一天。我所以要锻炼身体，就是要增加革命的本钱，更好地为人民的事业贡献力量呀！"

在监狱里，王若飞经常对难友们说："敌人要摧残我们，我们一定要爱护自己的身体。我们是革命者，决不能向恶劣的环境屈服，要坚持斗争。"

为了坚持对敌斗争，王若飞想方设法利用各种条件锻炼身体。

锻炼方法之一是日光浴。王若飞利用每天短暂的放风时间，到院子里晒太阳。后来，他得了严重的风湿性关节炎，敌人被迫允许他每天晒一两个小时太阳。他就利用这个机会，躺在院子里把皮肤晒得紫红紫红的。

冰水擦身是王若飞锻炼身体的另一种方法。那时，反动派百般折磨政治犯。别说洗澡，就连喝的水也不供给。但王若飞的言行感动了出身贫苦的老看守员，他偷偷地给王若飞买了几只大碗，王若飞每天用它盛冷水，用手巾蘸着擦身，擦到全身发红为止。

在狱中王若飞还有一种锻炼方法，叫做"室内体操"。体操包括伸腿、弯腰、屈臂等动作，不管三九天，还是三伏天，他都坚持锻炼。

一次，一个难友问王若飞："我有一件事不明白，你骂国民党，骂蒋介石，天不怕，地不怕，连死也不怕，真是好汉。可是，你坐在牢里，还天天做操，又好像很爱护自己的身体，你究竟是怎么回事？"王若飞笑着说："我不怕死是因为敌人要损害我们的真理，我们必须拼命去保卫我们的真理；我爱护身体，是因为有了健壮的身体，才能更有力地保卫真理。我生为真理生，死为真理死，除了真理，没有我自己的东西！"

王若飞把道理讲得很透，难友们被王若飞的行动感动了，豁然开朗，精神振作，也都开始锻炼身体，准备投入更艰苦的斗争中去。王若飞由于在狱中坚持做操，终于征服了恶劣的环境，战胜了死亡的威胁，保持了一定的健康。

# → 铁窗铁心

（40岁）

　　死里逃生唯斗争，

　　铁窗难锁钢铁心！

　　这两句诗，是王若飞在绥远狱中写的。当时，狱中条件极为恶劣，王若飞为了鼓舞难友英勇斗争，曾经写了一篇短文《生活在微笑》，用锋利的笔调，指出生活里充满了斗争，描写了难友们斗争得胜的情景，这两句诗，就是该文的结尾。

　　除了这两句诗外，王若飞为了巩固群众的斗争情绪，曾仿照陶行知编的《五千年古国要怒吼呀》的歌谱，写了首《监狱怒吼歌》，其中有这样几句：

　　伸出拳头去斗争呀！

　　斗争就可得自由呀！

伊呀嗨，呀呼嗨，

斗争就可得自由呀！

呀呼嗨，伊呀嗨。

为了批判叛徒黄平叛变投敌的罪恶行径，王若飞曾引用明代爱国诗人于谦的《石灰吟》，激励狱中难友的革命气节：

千锤万击出深山，烈火焚烧若等闲。

粉骨碎身全不怕，要留青白在人间。

王若飞这种做法，给了狱中难友以极大的鼓舞。

1936 年 7 月，王若飞等人被秘密押送到山西太原的陆军监狱。到陆军监狱以后，王若飞首先摸清了狱中的情况，尤其是政治犯的情况。他把二十几名政治犯按监房分成四个学习小组，每组五六个人，全狱建立一个核心小组，这个核心小组由共产党员组成，实际上是狱中的党组织，由他本人亲自负责。通过学习小组，王若飞联系了狱中许多群众。王若飞对同志们说："凡是能团结的人，都要把他们团结起来。我们能够争取的人而不去争取，就可能被敌人利用。"

在了解了狱中的黑暗情况及狱方贪污的事实以后，王若飞便领导政治犯进行了一次绝食斗争。他们首先向监狱当局提出了三项要求，即改善伙食、去掉脚镣、允许阅读书报。最初，敌人采取分化的方法，以所谓"优待"为名，给王若飞去掉了脚镣，并把他一个人搬进了"优待室"。监狱当局的这个做法，有其重要的政治背景，那就是阎锡山要改变同共产党的关系。另外，企图用这个

办法，把王若飞和群众隔离起来。王若飞明白这是他们的诡计，最初拒绝接受。经过狱中党员的研究，认为王若飞去"优待室"对开展狱中斗争更为有利，这样他可以自由一些，容易掌握各方面的动态，也便于与外界取得联系。根据同志们的意见，王若飞将计就计搬进"优待室"。另外，在准备绝食的过程中，同志们决定留他一个人不参加绝食，以便利用"优待"的条件，到普通犯人中间进行工作，取得全狱难友对绝食的支持，并设法与外界联系。

绝食斗争开始后，王若飞向狱方交涉，要他们答应提出的条件，否则要对绝食的一切后果负责。他又到普通犯人中间，了解他们对绝食斗争的反应，说明政治犯的绝食斗争是为大家共同的利益。因此，绝食斗争得到了全狱难友的支持。在绝食的第五天，狱方不得不答应条件。绝食斗争取得了最终的胜利。

# 化敌为友

★★★★☆

（35-40岁）

包头市警察局局长马秉仁逮捕了一名共产党要犯，名叫黄静斋。当时任绥远省主席、军阀阎锡山部下的傅作义得知后，即令将黄静斋解送归绥。在交谈中，傅作义得知这个黄静斋原来竟是大名鼎鼎的王若飞。同时王若飞面对敌人的枪刺，大义凛然，宁死不屈的气概，傅作义也不得不赞赏。傅作义曾对人这样说过："军人上战场，脸也得白一白。"但听说王若飞在刑场上竟面色不变，泰然自若。傅作义把王若飞请到他的客厅里，作了一次长谈，谈话中，王若飞阐述了联合苏联共同抗日的主张，并且草拟了一份数万言的抗日救国意见书。

在监狱里，王若飞还注释了一本《易经》。傅作义认为王若飞是一个了不起的人物。

由于王若飞属于要犯，傅作义不得不对他作出严加看管的姿态，以防特务耳目；暗中则多次在夜间将王若飞接到府上交谈，王若飞的许多话常使他感到耳目一新。有一次，王若飞在与傅作义交谈中问傅作义："你省政府对面影壁墙上写的《礼记》上的'大道之行也，天下为公'这几个字是什么意思？"傅作义答："这是我的施政纲领，就是我施政要达到的目标。"王若飞听后笑着说："今天在国民党的统治下，是整个的贪污社会，这不是以个人的意志为转移的，光凭你自己就可以达到这个目的吗？"

王若飞在押期间，利用一切机会宣传共产党的主张。一次，王若飞要求傅作义给他几本书看，傅作义便送了他一套《四书》。王若飞在书上作了万言批注，大讲唯物主义和唯心主义两种思想体系斗争的理论，然后又将书还给傅作义，傅作义看后大为赞赏。

后来，傅作义甘冒风险，对王若飞采取优待措施：一是变相关押；二是每月从自己的薪水中拿出钱来，给王若飞做伙食补助。为了不露马脚，傅作义告诉王若飞，对外仍用黄静斋的名字。后来，北平行营主任何应钦、太原绥靖公署主任阎锡山得知傅作义抓获了一名共产党要犯，要傅作义将黄静斋解送给他们，傅作义深知王若飞此时落入他们手里必遭毒手，于是以山高路远恐途中生变为由，托辞加以保护。

1934 年 4 月 23 日，绥远高等法院根据大赦条例，以"危害民

◁ 傅作义

国"罪名改判王若飞十年徒刑。

1936年夏，中共中央与阎锡山开始建立抗日统一战线关系。傅作义闻知后，认为这是释放王若飞的极好时机，于是在绥远省抗战前将王若飞护送到了山西省。

红军东渡，进入山西后，阎锡山想以王若飞的生命为条件，来与红军谈判。那时王若飞被关在太原狱中，1936年后又转入训导院。阎锡山曾经两次派人去放王若飞出来，但都被他拒绝了。

不久，西安事变发生，经中共中央与阎锡山交涉，1937年4月王若飞被释放出狱。王若飞即回到延安。此后，傅作义将军与王若飞交上朋友，对王若飞更加钦佩。他给干部讲话，常说："你们看共产党的王若飞，那才是个人才哩！"后来，王若飞到重庆八路军办事处工作，傅作义将军每次去重庆，王若飞总是找机会与傅作义会晤并赠送宣传书报。

 # 奋笔疾书

★★★★

（35-40岁）

王若飞利用放风等一切机会，主动和狱友接触，对他们进行宣传鼓动工作。但是，这毕竟受时间、地点、场合和人数的限制，为了团结更多的狱友与敌人作斗争，王若飞想到必须以笔作为武器，与敌人进行新的形式的斗争。

刚进监狱的时候，他托那个在监狱外面做苦工的狱友买来了一块墨，一枝小羊毫笔。为了提防敌人的检查，不被敌人发现，他把毛笔杆折到一寸多长，使用时，在墨上蘸点水，将笔捏在手指尖上写。墨块干了容易开裂破碎，他就买了个笔帽，把墨块弄成小碎块放进去，

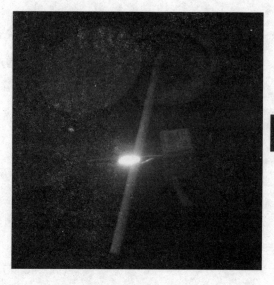

把唾沫吐在上面，用毛笔蘸着写。由于毛笔的笔
头大，在毛笔帽里蘸墨不方便，他就改用火柴棍。
又因为火柴棍容易断，他把炕席拽下来，弄得很细，
蘸着墨，写出芝麻大小的字。他利用报纸边、香烟
盒、手纸、包装纸等一切可以用的纸张，把字写得
清清楚楚。

　　写作时，王若飞总是凑进窗口，借着窗外射进
来的光亮，把纸放在膝盖上，左手拿着装有墨块
的钢笔帽，右手捏着苇席棍做的笔，吐着唾沫蘸
着墨，一笔一画地写。

　　1932 年，黄齐生先生来归绥狱中探望王若飞，
王若飞嘱托舅父带给他一些书写工具，还请他给自
己带英文字典及英文小书，黄先生有些不理解，问

道："不打算温习温习俄文、法文？"王若飞回答说："法、俄、日文还可以对付，为了不使脑力空耗，因此学习英语。"

后来傅作义给了他写作的条件，王若飞加紧了狱中的写作。但对共产党工作的想法不能大张旗鼓地写，只能利用一小块纸写一大段字，还用密码写，最简单的就是拿粥蘸着写成很小的字，送出来以后放到碘酒里就变成紫颜色了。

王若飞在狱中写了大量的文章，以笔作刀枪，著文介绍中共党史，宣传党的政策，写时评、书评等，还上书绥远省主席傅作义，希望他以民族大义为重，率部抗日，对傅作义产生了一定的积极影响。

王若飞在文章中，用大量篇幅总结革命斗争经验，详细介绍了南昌起义、秋收起义、广州起义、上海工人三次起义等。他认为，中国革命必须走武装夺取政权、农村包围城市的道路。他批驳有些人散布的无政府主义和共产主义不适合中国国情的论调，在《中国往哪里去》一文中明确指出，中国既不能长期处于半殖民地半封建社会的地位，也没有条件发展民族资本主义，只能通过无产阶级革命，经过民主革命，走社会主义道路。他认为，巴黎公社是无产阶级用阶级斗争方式实现无产阶级专政的实际尝试，为各国革命提供了宝贵经验；十月社会主义革命为人类革命开辟了新的道路，是人类历史的新纪元，是我们的榜样。

王若飞对日本帝国主义入侵中国东北表示了极大的愤慨。他呼吁：全国人民必须团结起来，把日本帝国主义赶出东北。同时对抗战的策略，他认为，必须防止日本帝国主义对全中国进行侵略的野心，切不可放松警惕。他还阐述了统一战线的思想、对中国哲学思想的研究等等，内容很丰富。

在近六年漫长的铁窗生活中，王若飞以顽强的毅力，奋笔疾书，坚持不断地写作，在狱中开展文字宣传。在此期间他足足写了一柳条箱的著作，有二十多万字。以"死里逃生唯斗争，铁窗难锁钢铁心"的精神，号召和组织难友同敌人进行英勇顽强的斗争。

△ 王若飞纪念馆（泰安客栈）墙壁上镶嵌着遒劲而秀逸的八个大字：精通业务埋头苦干——这是依据王若飞当年的手迹而制作的石刻。

# 获救出狱

★★★★★

（40 岁）

1935 年日本侵略者发动了华北事变，民族危亡，迫在眉睫，在这种情况下，中共中央在瓦窑堡会议上确定了建立抗日民族统一战线的新策略。在华北，党把山西实力派阎锡山作为联合抗日的争取对象。阎锡山权衡利弊，最终不得不接受共产党提出的"停止内战，一致抗日"的主张。他邀请了大革命时期就很著名的山西籍的共产党员薄一波，以"抗日救亡活动家"的身份回山西"共策保晋大业"，企图借助共产党的进步措施，为他自己扩充实力，以"自存自固"，渡过难关。

1936 年 9 月，薄一波受中共北方局的派遣，以"抗日活动家"的身份回到老家山西，被派往太原任中共山西省工委书记，负责做上层统一战线工作。临行前，北方局书记刘少奇交给他一个特别任务，就是营救被关押在太原某监狱中的王若飞，至于王若飞被关押后用的是真名还是假名、叫什么、关押在哪个监狱，这些情况都不清楚。

到太原不久，薄一波就到处打听王若飞的下落。薄一波从地下党胡西安那里得知，王若飞现在用的名字叫黄敬斋，但不知关在哪所监狱。于是，薄一波利用自己的特殊身份，去察访每所监狱。查到陆军监狱时，终于见到黄敬斋的名字。他仔细地翻阅着关于王若飞的案情原委及历次审讯的详细记录，知道王若飞在被捕后五六年来，一直表现得英勇顽强，使敌人很伤脑筋。于是，他就立即同阎锡山的表侄梁化之一起，去同阎锡山谈判。

薄一波说："我们山西处于抗日最前线，抗日救亡运动也已初步搞起来了，目前正是用得着抗日爱国人士的时候，还把大批政治犯关在班房里，这和当前形势很不相称。阎先生既以抗日救亡相号召，并发动了驰誉全国的百灵庙守土抗战，理应乘机造成更大声势，释放全部政治犯，在全国做个表率！太原监狱中有个王若飞，是有名的共产党员。我提议，也是向你提出要求，首先把他放出来！"

"王若飞？"阎锡山看了看梁化之，说道："有这个人吗？"

薄一波单刀直入地又说："黄敬斋就是王若飞！"

"啊，黄敬斋倒好像有。怎么，你认识他吗？"阎锡山故意装糊涂。

薄一波说："我不认识他，是我回太原时，远方的朋友请我设法营救他出狱，算是个间接朋友。"

▷ 青年时代的薄一波

　　阎锡山开出释放政治犯的两个条件：（一）他们必须放弃共产党的狭隘立场；（二）必须保证留在山西做事。

　　薄一波回答说："这样做不行，对政治犯还是无条件释放好。"

　　接着，薄一波去探望王若飞。一见面，薄一波就开门见山地对王若飞说："王若飞同志，我执行党交给我营救你出狱的任务，我从多方面对你进行了调查，知道你坚持了共产党员的立场，进行了英勇的斗争。党对你完全信任，因此，才决心营救你出狱。"

　　这期间，梁化之接连来过两次，说阎先生很想和"王先生"见见面。

　　一天，薄一波陪王若飞去见阎锡山。阎锡山颇有点"礼贤下士"的样子，表示非常仰慕王若飞的才能，敬重王若飞的骨气，希望王若飞留在山西帮助他工作。王若飞看对方已一步一步逼了上来，赶紧先发制人，堵住阎锡山的嘴巴："阎先生，你在举国扰攘的时候，接受了我党统一战线的主张，你成立了山西牺牲救国同盟会，在绥远发动了百灵庙守土抗战，在山西释放了全体政治犯，这种举动，我们非常赞成。我一定把这种情况带到延安去，带到我党中央去，我想，我们党也会表示欢迎的。"

阎锡山见王若飞还是想回延安去，只好尴尬地说："也好，也好。"

几经磋商，阎锡山终于将王若飞释放。一个月后，薄一波将王若飞接到给他安置好的四合院休养，接着王若飞的爱人李培之也从上海赶来陪他。

此后，被关在四个监狱里的二三百名政治犯，也都分批放了出来。

以薄一波为书记的山西工委，遵照刘少奇同志的指示出色地开展了工作，千方百计、卓有成效地营救出了著名共产党人王若飞及在押的一大批共产党员和进步人士。同时积极接办并改组"山西牺牲救国同盟会"和组建"山西青年抗敌决死队"即"山西新军"，到1939年夏，发展"牺盟会"会员达三百万人，组建"新军"达五十个团，主力部队七万余人，加上地方武装近十万人，新军在八年抗战中，对日军作战七千余次，毙伤日军五万余人，成为坚持华北抗日的一支重要力量。

# 忠诚为党

（1937—1946）

## ➡ 鞠躬尽瘁

★★★★★

　　1937 年 8 月，王若飞获得自由以后，在当时中共北方局负责人刘少奇的安排下，他和爱人离开山西太原，经西安到达延安。党中央、毛主席非常重视王若飞，到延安的第二天，毛主席接见了他，进行了长时间的谈话。王若飞情绪非常激动，他对爱人说：我从来没有今天这样快活，这次我们真的回到"家"了。

　　初到延安之时，抗日民族统一战线刚刚形成，国民党虽然承认了共产党的合法地位，但并没有放弃一党专政的反动政策和顽固立场。从抗战一开始，他们便实行片面抗战路线。我党 8 月底在洛川召开中央政治局扩大会议，通过了《抗日救国十大纲领》和《关于目前形势与党的任务的决定》。会议向全国人民指出，争取抗战胜利的关键，在于使已经发动起来的抗战，发展成为全面的全民族的抗战。党的中心任务是，动员一切力量，争取抗日战争的胜利。根据党提出的这一重大任务，王若飞以全部身心投入到党领导的民族解放事业中去。

开始，王若飞担任中共陕甘宁边区党委统战部长，接着又担任了宣传部长。负责宣传鼓动文化教育和团结联络上层民主人士的工作。他根据中共中央提出的抗日救国十大纲领和中共的全面抗战方针，规定了宣传要点，把动员全民抗战放在边区宣

▷ 1940年春，任中共中央秘书长的王若飞和夫人李培之、儿子王兴在一起。

传工作的首位。他创办了陕甘宁边区党委理论刊物《团结》月刊，作为宣传中共中央方针政策的阵地。他是这个刊物的主要领导人，也是主要撰稿人。他抓住当时的一些关键问题，深入研究，写出了不少重要文章。与此同时，他还兼任陕北公学教授，经常深入学校做形势报告，宣传中共全面抗战的主张。

王若飞以饱满的政治热情，对待工作尽心竭力，兢兢业业，把"整个生命都埋在工作里"。

 理论先锋

★★★★★

（41—48岁）

经过在日本、法国和苏联等国的留学生涯以及长期的革命斗争实践，使王若飞具有孜孜不倦的钻研精神、较高的理论素养和敏锐的政治眼光。他那深入实际的工作作风，注重调查研究的实事求是精神，深刻而精辟的独到见解，高屋建瓴般的雄才大略，深受党中央和同志们的高度评价和称赞。他认真研究当时抗战的新形势，在毛主席和党中央的领导下，参与了根据地许多重大方针、政策的制定，并且做了大量组织和宣传工作，成为毛主席的得力助手。为此，毛泽东曾经多次夸赞他说："若飞是我们的理论家。"

在抗日战争时期，王若飞在领导水平和理论修养方面更加臻于完善。他运用马列主义研究中国革命实际，认真地研究总结华北游击战的经验，对八路军在敌后的斗争行为、根据地在抗战中的作用、发展群众以及各抗日军队之间的团结等重大问题提出了深刻的切实可行的意见和主张。1937 年 10 月 30 日，王若飞在《解放》第 1 卷第 21 期上发表了《华北游击战争的展开》这篇重要文章，详细地报告了华北抗战的军事形势，八路军三个月来所取得的战果，以及对华北战局的影响。他指出："八路军的华北作战已不是国民党军队那样单纯防御，坐等挨打，而是在战争中处处争取主动地位去消灭敌人。"文章着重分析了敌我双方的长处与弱点："八路军就是过去的红军，他有着高度的政治觉悟，有着自觉的纪律，有着与人民密切的联系，有着坚固一致的团结，有着英勇坚决刻苦奋斗的牺牲精神，有着丰富的游击战争经验，这是他的长处。但在今天与强暴的敌人作战时，也有他的弱点：第一，现在八路军的数量还不很大；第二，是他在物质技术上还很贫弱，缺少机械化的、化学的、航空的各种样式武器。而他的敌人，正是在技术上具有绝对的优势。所以他必须避免自己的弱点，发挥自己的长处去进攻敌人的弱点。什么是敌人的弱点呢? 第一, 是他所发动的战争的性质, 是侵略的, 是在中国境内作战, 是要处处都受到中国民众的仇视。第二, 是敌人国内政治经济危机之严重, 财政之枯竭, 阶级斗争之尖锐, 国际形势之孤立, 不利于战争之持久下去。第三, 在中国这样广大的国家, 交通又极不方便, 日本军队不能占领一切中国区域, 他只能沿着交通方便和铁路线作战, 他的军队愈向内地深入, 便愈有时时被截断包围消灭的危险。我们对日作战的总的战略方针, 应从坚决持久的大规模的运动战中, 去消耗削弱敌人的力量, 以致完全把他们驱出中国去。而在八路军方面, 更应该适合自己现在的力量, 与坚持自己的特长, 发挥独立自主的山地游击战争, 用以配合全国友军作战。八路军在这个战略方针之下: 第一, 他的行动, 在军事的指挥上、机动上, 是独立自主的, 但又是与友军行动相配合的, 服从一个统一的军事领导与统一的作战计划。第二, 他担负着协同友军作战的任务。他现在山西境内, 便是凭借同蒲路两旁的山地深入敌人后方, 向沿同蒲路进犯太原的敌人截击。第三, 他在战争中, 是处处争取主动的地位。一切战略的退却与防御都是为了要进攻消灭敌人, 而不是单纯的防御与退却。第四, 在今天我们的数量与技术比敌人还差得很远的时候, 我们军队的行动, 是带游击性的。这种游击性, 正是我们今天能保存与扩大自己力量, 并战胜敌人的工具, 是今日能够致敌死命的战略。"文章还详细记述八路军 9 月下旬, 赶上前线后的成绩, 也论述了坚持山西战略支点与对友军希望的重要

性。王若飞的这篇文章，从敌我力量和形势的对比分析中，详细阐明了游击战争的策略观点，在当时党内对于华北抗战怎么打法的两种意见的争论中，坚决站在毛泽东主张的游击战为主，不放弃有条件的运动战的正确意见一边，反对有人提出以运动战为主，也要进行游击战的错误意见，为后来各根据地游击战争的深入开展，总结游击战争的经验，提供了重要的理论依据，丰富了毛泽东的抗日游击战争思想。针对国民党在山西制造的反共摩擦，他参与起草了《山西省委关于山西抗战克服危险倾向宣言》，经毛泽东修改后公开发表，引起全党的重视和积极反响。

在《陕北公学》纪念刊(1937年11月1日)上,王若飞发表了《欢迎全国革命青年学生到延安来学习抗战知识》的文章。王若飞说:

现时我们国家,正遭逢着日本帝国主义的残暴侵略,全国正在展开伟大的争取民族生存的抗战,每个不愿当亡国奴的中国人,无论男女老幼,都应该积极起来参加抗战,特别是全国青年学生,现在已不是读死书的时候,而且敌人的炮火,正向着一切文化教育机关轰炸,也不容他们有安静读书的可能。目前我们争取民族生存的抗战,向全国青年学生提出一个重大任务,要求他们跑到民众中间去做唤起民众组织民众武装民众,来参加抗战的工作。

他指出,过去的教育是理论与实际分离,而陕北公学所学的则完全是适合于目前抗战迫切需要的知识,并能亲眼看到许多抗战工作的实际范例。青年们只有百倍紧张地学习,才能"到民众中去,到前线去",拯救祖国和民族的危亡。

1938年初,日本侵略者从晋北、绥南进攻我陕甘宁边区,一度占领陕北的府谷。这年2月到6月间,王若飞先后发表了《今日如何实现满汉联合抗日》、《加紧整理自卫军工作准备迎击日寇的进攻》、《为坚决保卫边区而抗战到底》、《我们怎样保卫陕北甘宁边区》、《巩固抗日民族统一战线与保卫边区》、《如何巩固接近抗日前线的延川》等文章,阐明了当时形势的严重性和边区战场与全国战场的关系,分析了打退敌人的有利条件和不利条件,提出了战胜敌人侵犯的具体措施,从而使陕甘宁边区军民认清了形势，明确了任务，增强了战胜敌人的必胜信念，有力地打击了日本侵略者。王若飞关于游击战争的重要见解和领导陕甘宁边区抗击日本侵略者的具体实践经验，得到了党中央和毛泽东的重视。

1938年6月，王若飞发表了《迎接伟大的抗战周年纪念及中共成立十七周年纪念》的文章，进一步论述了巩固和扩大共产党的力量，对于抗战事业的胜利有绝对的必要，这不仅对共产党本身是有利的事业，对工人阶级是有利的事业，而且对全民族也是有利的事业，由此他得出结论说："我们坚决相信中国人民对于中国共产党政策的拥护和信仰，而这种拥护和信仰，便是它的一切政策能够实现的保证。"王若飞这种相信人民、相信胜利、论证党和人民关系的精辟见解，使我们今天读起来仍感到亲切，他的一颗为党为人民的赤诚之心跃然纸上。

1938年秋，王若飞担任中共华北华中工作委员会秘书长，兼任十八集团军总部参谋长。他对担任副参谋长这一职务有些为难。他找毛泽东说：我从来没有做过军队工作，担任这项工作，恐怕不行。毛泽东鼓励他说："我开始也没有搞过军事，后来不是也搞起来了吗？你担任这个职务不会有什么问题的。"经毛泽东一说，王若飞接受了，并且在岗位上工作得非常出色。

1940年上半年，王若飞受中央委托，调查和研究根据地的土地问题和土地政策，1941年2月，参加制定抗日根据地的土地政策，并根据毛泽东的意见几易其稿，于1942年1月形成了著名的《中央关于抗日根据地土地政策的决定》。经中央政治局讨论通过，最后颁发到全国抗日根据地施行。这个决定，既反对把减租减息只当做宣传口号的现象，又反对某些"左"倾错误，不仅对于当时根据地的土地改革运动具有重要的指导意义，而且对于联合全民支持民族抗战，巩固抗日民族统一战线，争取抗日战争的胜利起了重大的推动作用。

由于日本帝国主义侵略中国，使国内阶级关系发生了新的变化。战争不但把广大劳动人民、小资产阶级推向了灾难的深渊，就连民族资产阶级、乡村富农和小地主也无法生存下去。王若飞清醒地看到，在日本帝国主义大举侵略中国的形势面前，绝大多数人都感到亡国灭种的威胁，感到生命财产的不保。所以抗日民族统一战线的社会基础是很广泛的。王若飞在1940年12月25日发表的《八路军与抗日根据地》中指出："我们的政策是要努力缩小敌人可以利用达到'以华制华'的社会基础，而努力扩大抗日民族统一战线的社会基础。""党的统一战线的方针不但要团结一切反日的基本力量，而且要团结一切可能的反日同盟者。"

1941年冬天，王若飞调任中共中央秘书长和党务研究室主任。

在这期间，他在深入调查研究的基础上，撰写了许多政治、军事文章，参与研讨和制定了许多关于抗日根据地建设的政策、指示，对推动抗日根据地各项建设事业作出了重要贡献。

1942年秋，王若飞对根据地反"扫荡"问题作了深入研究后指出：敌人以惨无人性的烧光、杀光、抢光的"三光政策"来制造无人区，妄图最后消灭我们的有生力量，这是敌人采用的抽水捉鱼的办法，鱼大水少无法生存。我们人民军队、干部应该随着环境的变化而变化，把大鱼变成小鱼，才能对付敌人。他的这种认识，是中共中央精兵简政思想的重要来源之一。不久，毛泽东就把精兵简政的政策明确地提出来了。

王若飞作为我党较早关注中国少数民族问题的领导人之一，为争取少数民族群众参加抗日斗争，特别是实现蒙汉联合抗日付出了艰辛的努力，写出了《今天如何实现蒙汉联合抗日》等文章。他对加强党的建设也十分重视，参与起草了《中共中央关于增强党性的决定》《关于大革命时期的中国共产党》《中共中央宣传部关于在延安讨论中央决定及毛泽东整顿三风报告的决定》等文件，对当时的整风运动起了指导作用，对整个党的建设也产生了深远的影响。同时在整风运动中，他严于律己，公开在《解放日报》上作自我批评。1945 年 4 月，在延安召开中共"七大"，王若飞再次当选为中央委员。

# 重庆谈判

★★★★★

（48 岁）

抗战胜利后，由于共同的敌人——日本帝国主义已经被逐出中国，国共之争再次成为国内外关注的焦点，人们担心内战在中国重演。此时的蒋介石仍未放弃消灭共产党及其领导的军队的意图，但蒋对全面内战也有顾忌：一是经过八年抗战，全国人民普遍期待和平建设国家，包括民主党派甚至国民党内部均有人反对战争；二是英、美、苏三国都表示不赞成中国发生内战；三是国民党政府的精锐军队抗战期间大都退到中国西南和西北地区，要迅速开赴共产党控制区前线还需要有一段时间。权衡利弊之后，蒋介石在调兵遣将的同时，发动了和平攻势，于1945年8月14日、20日、23日连续三次电邀中共领袖毛泽东到重庆谈判。

中共中央于8月23日在延安召开政治局扩大会议，认为抗日战争阶段已经结束，新的阶段是和平建设，应当力争一个和平建设时期，避免内战或使全面内战尽可能地推迟爆发。于是，中共中央派毛泽东、周恩来、王若飞为代表，赴重庆与国民党谈判。

蒋介石打着如意算盘三电力邀毛泽东亲自来渝谈判，在他低估毛泽东的胆识和魄力的时候，8月28日，毛泽东带着周恩来、王若飞等在美国驻华

▷ 王若飞与林伯渠、董必武1944年在重庆

大使"中国通"赫尔利和国民党政府代表张治中的陪同下，从延安乘专机赴重庆，开始了长达43天的谈判。王若飞当时之所以被当选为周恩来的谈判助手，不是偶然的，除了与他的雄辩口才有关外，与王若飞当时所担任的工作是分不开的。王若飞当时所担任的是中共中央秘书长，他熟知国共双方各方面情况，且有谈判经验。

人们一般只知道1945年8月28日，毛泽东从延安赴重庆与蒋介石进行的重庆谈判，其实，国共两党的重庆谈判早在1944年春就开始了。中共中央根据形势的发展，决定林伯渠、王若飞等去重庆同国民党举行谈判。从此，王若飞一直战斗在同国民党唇枪舌剑的谈判第一线，还协助董必武参与和主持中共中央南方局的领导工作，此后留在重庆。周恩来不在重庆时，王若飞是共产党驻重庆首席代表，并主持八路军重庆办事处工作。在这期间，王若飞广泛团结各民主党派和无党派民主人士，共同与国民党顽固派进行斗争。他积极与民主同盟及产业界人士左舜生、罗基隆、梁漱溟等广泛接触，宣扬我党的政治主张，争取民主同盟对我党的同情和支持。同时注重引导文化界的进步分子和中间力量，向顽固分子做思想斗争，揭露国民党文化专制政权的罪恶，与何其芳一起讨论大后方的文艺工作，提出把教育和新闻事业纳入文艺工作，同茅盾、郭沫若等一批进步人士讨论时局，把他们争取到中国共产党一边来。在各民主党派和其他民主人士中间做了大量工作，发展和巩固了民族统一战线，共同与国民党反动派斗争，争取实现我党的正确主张。这是王若飞的工作策略，也是他为民主奋斗一生的见证。因为与国民党上层打过交道，这次再以中共代表的名义去重庆进行谈判，王若飞算得上是具有谈判经验的最佳人选。

 ## 得力助手

★★★★★

（48岁）

重庆谈判从 8 月 29 日开始到 10 月 10 日结束。这期间，毛泽东或者单独，或在周恩来、王若飞的陪同下，或在美国驻华大使赫尔利参加下，就国共两党关系的重大问题直接与蒋介石进行了多次会谈。有关国内和平问题的具体谈判，则是在中共代表周恩来、王若飞和国民党政府代表王世杰、张群、张治中、邵力子之间进行的。

重庆谈判是一场复杂而异常艰苦的斗争。

由于国民党对这次谈判并没有诚意，也没有估计到毛泽东真的会来到重庆，所以他们根本没有准备好谈判方案，只能由中国共产党方面先提出意见和方案。谈判开始后，周恩来、王若飞将中共方面拟定的两党谈判方案交给国民党代表转送蒋介石。王若飞在向中央政治局汇报谈判情况时说："前六天，看他们毫无准备。左舜生刻薄他们，说只见中共意见，不见政府意见。"

对于这次谈判，共产党方面是抱有极大热忱的，但是因为这次谈判是由蒋介石连发三电到延安，邀请毛泽东来渝商讨，国民党始终以一种主人的姿态自居。谈判第一天，蒋介石就缺席，想从心理上以一种不拿谈判当回事的态度来提高自己的地位，以体现国民党的主导地位。9月3日，周恩来、王若飞同张群、王世杰、张治中、邵力子进行谈判，周恩来首先提出以中共所提十一项方案为谈判依据，进行讨论。4日晚，谈判在中山四路德里安101号进行，这一次，是真正进入对实质性问题的商谈。谈判一开始，邵力子就作了一个不痛不痒的开场白，周恩来对此则作出了应该谈具体问题的坚决回应，王若飞立即附和着说："昨天周恩来同志所提之十一条，你们即可就此考虑，何者可以同意，何者尚须商量，便可提出讨论。"之后，张群认为我党所提条件距离现实实在太远，需要我党拿出一点诚意来，这实际上就是把谈判的主动权转向了我党。以后的43天谈判，国共双方都是围绕着共产党提出的十一项方案进行的。

在谈到解放区问题时，这个敏感的问题引来了国民党代表的异议，周恩来进一步解释说，我党拥有的解放区和军队的事实，拥有百余万党员，这些党员的安置必须有一个过渡的办法，所以才提出由我党有几个省、几个市推荐主席或副主席、市长或副市长。王若飞马上强调说："我党既有百余万党员，数十万军队，又有许多由人民产生之解放区及政权，这一般党员官兵等皆期望以和平民主的方式，过渡到团结统一，故我党建议成立北平行营与北平政治委员会。"可以说，王若飞在谈判中每次都能抓住周恩来的谈话关键，理解周恩来所要表达的意思，然后积极给予配合，让国民党代表知

▷ 王若飞参加重庆谈判

道中共代表说话是有根据的，不是凭空而谈的。在这里所说的我们的方法只是过渡，而不是长期的解决问题的方法，从而有力地回应了邵力子的"相安一时之方针，绝非国家长治久安道"，也让国民党代表认识到在解放区和军队问题上的过渡方法是必须的、不容商量的。

9月15日的谈判依然在德里安101号进行，在谈到军队的缩编问题和驻地问题时，张群提出要求中共在48个师的基础上再进行缩编，并问中共军队的驻地问题，是否就是解放区时，周恩来解释说将来中央军如果缩编，我军自须缩编，军队也自然驻解放区不驻他处，王若飞补充说："我方之军队将集中于淮北和黄河以北。至于湖北、广东等地的军队皆将撤出，就是说中共的军队只驻解放区，湖北、广东的军队在商谈好后将撤出，不会让非解放区有中共的军队。"

从谈判学的角度来说王若飞是在努力营造彼此心理相容的合作气氛，使谈判双方不至于陷于僵局，王若飞对周恩来的补充，就是想对国民党代表打一针放心剂。这样，才使双方不至于在同一问题上继续纠缠，有利于对下一个问题进行讨论。

中共军队和解放区政权问题，是重庆谈判的焦点问题，双方斗争十分激烈。王若飞在重庆谈判中最大的特点就是能够抓住现存事实不放，不妥协、不退让地迫使国民党让步，而不是只知道接纳国民党所开的空头支票。谈判前，毛泽东就确定了可以在不损害人民利益的情况下对国民党作一定的让步，但中共领导的军队和解放区政权是原则性的问题，是不容许向国民党妥协的。王若飞在谈判中一直坚持遵照毛泽东的指示，一再强调尊重事实。

国共 43 天的谈判就是在遇到僵局时，共产党稍作让步，营造良好的谈判氛围中艰苦完成的。我党的大度气魄也在谈判中得到了体现。在重庆谈判中，王若飞以自己坚定的信念，雄辩的口才和对人民、对党、对民主的无限忠诚，谱写了他革命事业光辉一页。正如萧三在《回忆王若飞同志》中说的："和谈期间，若飞同志往来斡旋，折冲十分得力，富有外交家天才，是周恩来同志的得力助手。"著名民主人士沈钧儒称他为"韧性的谈判者"，"辩争众口，屹然不动，虽有责难弗避"，称自己虽与"若飞先生相见较晚，但此二年之间，相知之深，倾慕之切，真逾夙契"，"真不愧为民主战士的前导"。马寅初著文说："他有灵敏的脑力，丰富的能力，魁伟的体力，坚决的魄力，实非一般人所可完全具备的"，"他不仅是中共中央的人才，而是全国的人才"。

# → 忠诚卫士

★ ★ ★ ★ ★

（49岁）

　　重庆谈判期间，蒋介石举行酒宴，并布置任务，一定要把毛主席"放翻"，来敬酒的人排成队，形势十分严峻。为了保卫毛主席的安全，防止敌人在酒里放毒药，周恩来副主席提出要代饮，于是左边来敬的周副主席代了，右边来敬的王若飞代了，几十杯酒下肚后，周、王二人依旧谈笑自如，在两位忠诚卫士的精心护卫下，国民党想在酒宴上"放翻"毛主席的计划终于破灭。

　　出席邀请和宴请是做好统战工作的一个有利舞台，王若飞在谈判桌上舌战群儒，谈判之余，王若飞就与毛泽东、周恩来一起出席各种邀请或宴请各界人士。

8月30日，毛泽东、周恩来、王若飞宴请民主党派领袖张澜、沈钧儒等人，9月1日出席中苏文化协会为庆祝中苏友好同盟条约的签订举行的鸡尾酒会，2日，出席民主同盟举行的午宴，晚上又要出席蒋介石为庆祝抗战胜利举行的盛大宴会，等等。在谈判期间，王若飞等人几乎除了谈判就是出席和宴请各种各样的酒会。

王若飞与毛泽东、周恩来一起利用参加参政会、茶会、晚会、盛会等机会，积极宣传我党的主张和政策，广泛地开展统战工作，在会见各方各界的人士时，深刻阐明中共的主张，揭露国民党假

◁ 王若飞手记

和平、真内战的阴谋。王若飞与毛泽东、周恩来会见国民党元老柳亚子，当时有一位中学教师因为敬佩毛泽东，他拿来了自己珍贵的纪念册，请柳亚子帮忙请毛泽东等人为他题词，毛泽东等人为了宣传中共的主张，当场欣然题词，王若飞当场写下了"在和平、民主、团结的基础上，实现独立、统一、富强的新中国"。除此之外，当时轰动整个山城的还有毛泽东的词《沁园春·雪》。

经过43天的艰苦谈判，1945年10月10日，周恩来、王若飞以中共代表的身份，在《政府和中共代表会谈纪要》(双十协定)上签字。双十协定的公开发表，表明国民党方面承认了中共的地位，承认了各党派的会议，使中国共产党关于和平建设新中国的政治主张被全国人民所了解，从而推动了全国和平民主运动的发展。

**壮烈牺牲**

　　1946 年 4 月 7 日，出席重庆国共谈判与政
治协商会议的中共代表王若飞，准备次日回延
安向中共中央汇报国共谈判和政治协商会议情
况。当晚他和周恩来连夜商议工作，说的最后
一句话是："一切要为人民打算。"这既是他一
生革命实践的总结，也成为他对党对人民的最
后遗言。

　　1946 年 4 月 8 日，王若飞和博古（秦邦宪），
在重庆登上美国 C47 运输机飞往延安。同机的
还有 1941 年皖南事变中被国民党当局逮捕入
狱，1946 年 3 月获释的新四军军长叶挺和夫人
李秀文及其子阿九、其女扬眉；代表解放区出
席巴黎世界职工大会后归国的中共中央职工委
员会书记邓发、进步教育家黄齐生和孙子黄晓

庄，十八集团军参谋李绍华、彭踊左、王若飞的随从魏万吉、博古的随从赵登竣、阿九的保姆高琼以及四名美国飞虎队飞行员兰奇上尉及瓦伊斯上士、迈欧、马尔丁等共十七人。

当天下午 1 点多，延安机场下着小雨，聚集了不少欢迎的群众，毛泽东、任弼时都在等待王若飞一行回来。在重庆的周恩来也一直在等待消息。当时，欢迎的人群已经听到空中传来的隆隆的飞机声，可是飞机却始终没有出现，飞机的声音又渐渐远去了。

飞机于 4 月 8 日下午过西安后即告失踪。4 月 9 日上午，晋绥边区公安总局保卫队指导员乔志明和十几名战士，发现人机俱坠毁于山西兴县东南黑茶山。

延安各界得知"四八"噩耗，随即，中共中央由毛泽东、朱德、刘少奇等 26 人组成的治丧委员会，重庆成立了由周恩来等 119 人组成的"陪都各界追悼王秦叶邓诸先生大会筹备会"，上海成立了由宋庆龄等三十多人组成的治丧委员会，进行悼念活动。全国各地亦同时对"四八"烈士进行了沉痛的悼念，广泛宣传他们的事迹与精神。

1946 年 4 月 19 日上午 10 时，中共中央在延安东关飞机场举行了隆重公祭"四八"烈士追悼大会和遗体安放仪式。毛泽东、朱德、刘少奇、林伯渠、贺龙等与延安各界三万余人参加。毛泽东题写了"为人民而死，虽死犹荣"的题词和题为《向"四八"被难烈士致哀》的祭文。会上，毛泽东主席代表中共中央向全党、全军，以极其沉痛的心情，给全体烈士敬献了挽联：

▷ 王若飞像

天下正多艰，赖斗争前线，坚持民主，驱除反动，不屈不挠，惊听凶音哀砥柱；

党中留永痛，念人民事业，惟将悲苦，化成力量，一心一德，誓争胜利慰英灵。

朱德、刘少奇等中共中央领导人亲自执绋，送灵下葬，将烈士的遗体安葬在延安城郊王家坪北侧、清凉山下的飞机场旁，并决定修建"四八"烈士陵园。

同日，延安《解放日报》专门开辟了追悼"四八"被难烈士专刊，刊登了毛泽东的《向"四八"被难烈士致哀》的文章。毛泽东在纪念文章中盛赞王若飞是和平民主的旗帜，在他身上闪耀着中国共产党的光辉! 报纸还刊登了朱德的《完成死难者所遗下的事业》、刘少奇的《痛悼我们的伟大的死者》等中共领导人撰写的悼念文章；刊登了毛泽东的手迹"为人民而死，虽死犹荣"，朱德的手迹"为全国人民和平民主团结而牺牲"，刘少奇的手迹"把给予我们伟大死者的悲痛，变为积极的力量，来巩固和平，争取民主"。周恩来在重庆《新华日报》上发表了题为《"四八"烈士永垂不朽》的悼念文章。文章说："失掉了他，好像失掉一种力量，失掉一种鼓励，失掉了一个帮手。"

王若飞早在狱中说过："我能为真理、为劳苦大众而死，我会含笑以赴。"他用自己的思想和行动，谱写了共产党人全心全意为人民的革命一生，在他的身上，永远闪耀着中国共产党的光辉！

 **空难真相**

★★★★★

关于此次空难，几十年来一直是这样说的："王若飞与叶挺、邓发、秦邦宪、黄齐生等在飞返延安的途中，因为天气恶劣，飞机失事，不幸遇难于山西兴县黑茶山……"

1998 年 4 月 18 日香港《大公报》刊登了一篇名为《对"四八"坠机事件的回忆》，作者是顾逸之。顾逸之早年在周恩来、李克农领导下工作，1946 年"四八"空难期间，他在晋绥公安总局工作。"四八"空难发生后，他奉命到现场负责实地调查和后事处理。他给中央详细报告了事发现场的情况，在给党中央的书面报告中，他提出了一些难以解释的疑问：

第一，飞机确实是在黑茶山失事的，不是在空中坠毁的，因为飞机撞上黑茶山侧峰巨石上面的撞痕非常清楚明显，飞机是在撞山后爆炸起火的。

第二，从 4 月 8 日当天黑茶山地区天气情况的调查结果来看，那天飞机到黑茶山时，天上云雾很浓，驾驶人员很可能是在这种浓云密布雨雪交加的天气中，因能见度太差而撞山失事的，如果飞机再飞高一点，也不会撞上巨石。

第三，从我们对飞机出事现场的反复搜查结果来看，一直没有发现有人为制造爆炸的可疑迹象。

第四，这架飞机本来是在西安机场降落加油，稍事停留后才起飞来延安的。西安到延安是一直向北飞行的，为什么飞到东北方向，竟然飞到黄河以东的黑茶山来了呢？

当时在飞机残骸中还发现一份迷失方向的电报稿，但当时西安北上沿途及延安的天气并不坏，美方的机长又是佩戴有飞虎臂章的老练的飞行员，不可能发生如此低级的失误。各方表明，必定是国民党特务在仪表上做了手脚，导致电讯中断，仪表失灵，迷失航向。

但是当时苦于没有足够的证据证明，党中央为促成国共合作，表现了极大的真诚以争取和平谈判能够顺利进行，不给国民党留下借口，在新华社当时发布的消息中说"想系在浓雾中撞山失事的"。而"四八"空难的真相也就长期成为一个鲜为人知的谜。

"四八"空难的事实真相是什么样的呢？当时亲自参加密谋的军统特务、已经隐居台湾多年的杜吉堂在临死之前，终于道明了真相，让此事大白于天下。

在1945年国共共商国是的时候，国民党反动当局没有诚意，不仅在军事上破坏合作，而且在各个领域派了大量的特务破坏我党开展工作。1946年4月，我党将博古、叶挺等一些重要的人物从重庆送往延安，而这次转移却被国民党的军统特务盯上了。王平虎是当时国民党空军调度科科长，是国民党军统特务安插在空军中的眼线，在他接到上面的通知派出飞机后，知道了乘坐飞机的有共产党举足轻重的人物，马上电话通知远在南京的顶头上司。国民党当局得知这次飞行有我党重要的领导人物，为了破坏我党的工作，打破国共两党谈判的和谐氛围，制造事端以麻痹我党的谈判，于是军统特务对这次飞行进行了精密的暗杀行动。

军统的头目直接找到当时在中美特别合作所特工队队长杜吉堂，杜吉堂知道这次暗杀行动的重要性，其对象都是中共高级领

▷ 黑茶山失事地

导干部，因此也十分慎重。他找到其下属有关特务骨干，商议如何使这次行动做得漂亮又不容易被察觉。其中有个略懂飞机构造的特务说：破坏飞机的飞行仪表，使飞机迷航，自然会坠落，岂不是万全之策。于是这帮罪恶的黑手，开始了他们的罪恶之旅。首先，他们找到在调度科任科长的王平虎，查到所担任飞行任务的 C-47 运输机的飞行记录和档案材料，同时让王平虎安排人员在飞机飞行前的例行检查中做手脚。杜吉堂找到了其手下的特务懂得机修业务的杨耀武，让其假装成机修人员，混到检修的队伍里，在检修过程中神不知鬼不觉地在飞机的高度表和磁罗表反面放了磁铁。

4月8日，飞机上午准时飞离了重庆，首先要飞到西安进行加油和休息。在重庆飞西安的途中天空下起了小雨，尽管有着 3000 小时飞行时间的美国飞虎队飞行员觉察到稍许异样，但并没有多大的障碍，其实当时飞机飞行的高度是偏低的。在西安休息加油后，飞机继续向延安方向飞去。而此时的天空下起了冰雹并刮起了大风，严重地影响到了飞行。导航系统首先失去了作用，使飞行处于迷航状态，飞行方向不能得到保证，本来从西安飞延安应该是一直向北飞行，可是飞机却飞向了东北方向，向山西兴县飞去，甚至飞到了黄河以东的黑茶山，飞机就偏离了航向，可见特务的磁铁发生了作用。而当时的情况是黑茶山地区山上在下雪，山下在下雨，能见度比较低，但是，黑茶山高度才 2000 多米，C-47 运输机的正常飞行高度在 6000 米以上，作为一个资深的飞行员，也不太可能出现如此低级的错误，可见，在高度表上的磁铁也发挥了作用。就这样，搭载我党我军众多高级领导的 C-47 在一个恶意的阴谋安排下发生了事故，多年来其真相鲜为人知。

# 后 记

## 英灵永存

为了缅怀王若飞等"四八"遇难烈士,延安各界群众将烈士的遗体,安葬在延安市区北七公里处的李家洼飞机场旁边,为烈士建起了陵园。

1947年3月,国民党胡宗南部队进犯延安时,陵园遭受严重破坏,翌年4月我军光复延安后,迅速修复如旧。

1957年,中共中央根据党内外人士的意愿,决定拨党费100万元重修"四八"烈士陵园,并将在延安时期以身殉职或病故的党政军高级负责人张浩、关向应、朱宝庭、杨森等十数位烈士的遗骨一并入园安葬,陵园迁往王家坪革命旧址的北侧。1958年春竣工开放,主建筑有纪念堂、纪念塔、纪念亭、陈列馆、陵墓台等,作为全国第一批重点烈士纪念建筑物保护单位。陵园背枕青山,俯瞰延河,园内外苍松翠柏掩映,芳草鲜花簇拥,古朴典雅,庄严肃穆,前来瞻仰吊唁的国内外人士终年络绎不绝。党和国家领导人董必武、叶剑英、邓小平、彭德怀、陈毅、李富春、郭沫若等同志均来此祭奠凭吊过革命先烈。

陵园占地面积3.6万平方米,依山傍水,两侧对称,具有中国陵园的建筑特色。宽阔的青石台阶从山下直抵墓园,随着台阶的上升,人们不由得肃然起敬。一座汉白玉纪念塔高耸在墓园中间,塔高19.46米,寓意1946年,塔身后部呈4层阶梯式,塔下有8级台阶,象征4月8日。塔尖上有象征中国共产党的镰刀斧头图案,金光闪烁,塔顶最高一层四面嵌着四颗镏金五角星,代表中国人民的事业。塔身正面嵌着毛泽东手书的"为人民而死,虽死犹荣"的镏金大字。正面塔座上雕砌着一只汉白玉花环。塔座右侧勒记"四八"烈士遇难碑记。

陵园最高处是烈士墓台,台分三层。王若飞烈士墓居陵园中轴线顶端,处于陵园的核心地位。然后依次为"四八"遇难烈士和在延安时期牺牲的重要领导人和知名人士。1993年延安市政府拨款60万元在陵园左侧增修革命英烈事迹陈列馆。

风雨沧桑,今又盛世。如今的"四八"烈士陵园宏伟壮观,面貌焕然一新,已成为集纪念、教育、宣传和游览等多功能于一体的建筑物,既是全国著名的烈士纪念地,又是广大人民群众特别是青少年进行革命传统教育、爱国主义教育和社会主义教育的重要基地。1986年10月15日被国务院确定为"全国重点纪念建筑保护单位"。1995年1月中华人民共和国民政部命名为"全国爱国主义教育基地"。每年清明节、"四八"、"五四"、"七一"和"十一"等重大节日都有烈士子女、亲属及延安时期的老一辈革命家的后代和各界人士前来瞻仰凭吊、参观学习、接受教育。